O Passado não tem força
Psicografia de Marcelo Cezar ditado pelo espírito Marco Aurélio
Copyright © 2020 by
Lúmen Editorial Ltda.

1ª edição - Agosto de 2020.

Coordenação editorial: *Ronaldo A. Sperdutti*
Preparação de originais: *Mônica d'Almeida*
Revisão: *Alessandra Miranda*
Projeto gráfico e arte da capa: *Juliana Mollinari*
Imagem da capa: *Shutterstock*
Diagramação: *Juliana Mollinari*
Assistente editorial: *Ana Maria Rael Gambarini e Roberto de Carvalho*
Impressão e acabamento: *Gráfica Paulus*

```
       Dados Internacionais de Catalogação na Publicação (CIP)
              (Câmara Brasileira do Livro, SP, Brasil)

    Aurélio, Marco (Espírito).
       O passado não tem força / romance ditado pelo
    espírito Marco Aurélio ; [psicografado por] Marcelo
    Cezar. -- Catanduva, SP : Lúmen Editorial, 2020.

       ISBN 978-85-7813-223-1

       1. Espiritismo 2. Psicografia 3. Romance espírita
    I. Cezar, Marcelo. II. Título.

    20-34343                                    CDD-133.93
```

Índices para catálogo sistemático:

1. Romances espíritas psicografados : Espiritismo
   133.93

Cibele Maria Dias - Bibliotecária - CRB-8/9427

1-8-20-15.000

LÚMEN
EDITORIAL

Av. Porto Ferreira, 1031 – Parque Iracema
CEP 15809-020 – Catanduva – SP
Fone: 17 3531.4444

visite nosso site: www.lumeneditorial.com.br
fale com a Lúmen: atendimento@lumeneditorial.com.br
departamento de vendas: comercial@lumeneditorial.com.br
contato editorial: editorial@lumeneditorial.com.br
siga-nos no twitter: @lumeneditorial

2020
**Proibida a reprodução total ou parcial desta
obra sem prévia autorização da editora**

Impresso no Brasil – *Printed in Brazil*

O PASSADO NÃO TEM FORÇA

MARCELO CEZAR
ROMANCE DITADO PELO ESPÍRITO **MARCO AURÉLIO**

LÚMEN
EDITORIAL

CAPÍTULO 1

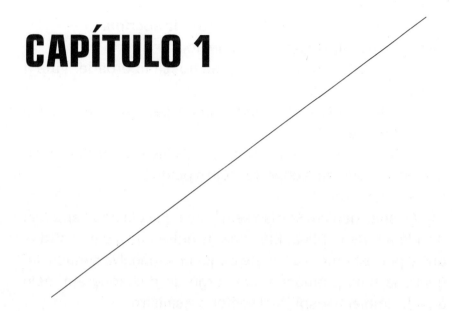

    Ele caminhava a passos lentos, não encontrava forças para continuar o trajeto confuso, o qual se tornara cada vez mais escuro, úmido e, pior, fétido. O cheiro era nauseante. Teve ímpetos de vomitar, mas conteve o enjoo.
    A neblina dificultava a visão. Naquele ambiente sombrio, quase não se escutava barulho, não fosse o pio de uma ou outra ave similar a uma coruja que, por entre galhos secos e retorcidos, tentava ali manter seu ninho.
    Mais alguns passos trôpegos e um galho estalou. Uma voz feminina atrás dele, arfante, sussurrou:
    — Que susto! Assim eu morro!
    — Difícil. Já morreu — ele respondeu de forma irônica, num meio-sorriso, também arfante. — Falta pouco. Vamos. Você consegue.

— Não quero insistir. Mas quem é ele? Por que está com o rosto coberto?

— Porque... — ele hesitou — ora, porque pediram para eu entregá-lo assim.

Ela olhou para o corpo e o peito dela apertou.

— Ele é muito pesado — comentou.

— Estamos fazendo isso pela nossa liberdade. Vale o esforço.

— Estou confusa. Não sei como vim parar aqui. Por acaso eu já conhecia você?

— Não. Mas nós dois conhecíamos ele — apontou para o homem envolto num cobertor sujo e puído.

— Quem é ele?

O rapaz deu um sorriso sem graça que ela não percebeu devido à forte neblina. Ele tinha de entregar "a cabeça" daquele pobre homem ao chefe daquela região. Na sequência, ganharia uma promoção, um cargo de destaque em meio àquele ambiente espiritual sombrio e sinistro.

Ele suspirou e fez sinal com a mão para prosseguirem a caminhada. Os dois arrastavam o corpo de um homem desacordado. Estava maltratado, cheio de hematomas, muito sujo, vestes rotas. Encontrava-se enrolado em um cobertor, e as extremidades do corpo, pés e cabeça, eram envoltas por panos que não revelavam sua identidade. Sob o tecido esfarrapado, o corpo estava preso por grossas correntes de ferro que se estendiam e abraçavam-se à cintura do rapaz e da moça, causando-lhes esse cansaço fora do comum.

Lauro, esse era o nome do rapaz. Na casa dos vinte e poucos anos, tivera uma vida de desajustes no planeta. Envolvera-se com várias mulheres e tinha acabado de conhecer Ariane, a moça que o acompanhava. Ela tinha sido uma das criadas da casa de Miguel, o homem que agora arrastavam.

Lauro havia planejado roubar boa parte da fortuna de Miguel e, na sequência, partir para longe e ter uma boa vida, com direito a tudo que o dinheiro pudesse comprar. Todavia, um acidente durante a fuga tirou-lhe a esperança de se dar bem e usufruir as benesses advindas do plano. Morreu.

Ariane, por sua vez, apaixonada pelo patrão, entregara--se a ele e em pouco tempo começou a ter enjoos constantes. A governanta da casa, Judite, desconfiada das náuseas, tratou de tomar as providências que julgava corretas para evitar um escândalo. Simplesmente deu um chá abortivo para Ariane. No entanto, errara a dose e o chá não só matara o feto, como também ceifara a vida da jovem criada.

Ariane morreu sem nem mesmo saber que estava esperando um filho. Ela se apaixonara pelo patrão, contudo, sabia que sua condição social jamais a faria se tornar baronesa. Alegre, bonita e cheia de vida, ao descobrir que morrera, sentiu raiva da vida e do mundo. Queria se vingar. Mas de quem? Da mãe que a abandonara quando pequena? Do padrasto que tentara abusar sexualmente dela? Da governanta que não gostava dela e provocara sua morte?

Andando de um lado para o outro, sem saber qual rumo tomar, Ariane conheceu Lauro. Houve uma simpatia entre ambos e passaram a andar juntos. Inconformados com a nova situação, presos em um pedaço do astral inferior onde a ira e a vingança eram tidas como elementos essenciais para ali permanecerem, perambularam por anos a fio.

Lauro soube que, se aquele homem morresse e em seguida fosse entregue a Minos... quem o entregasse teria grande chance de progredir naquele inferno.

Ariane foi forçada a acreditar que, se ajudasse Lauro a carregar aquele homem que por ora ela mal sabia quem era, ganharia a liberdade. Poderia sair daquele espaço hostil e, quem sabe, encontrar um ambiente de paz.

Lauro, magro, abatido, barba comprida, avistou um córrego e apontou. Ariane, olhos verdes e cabelos que, se estivessem limpos, seriam alourados e cacheados, estava bem magra. Ao mirar o córrego, ela fez tremendo esforço para chegar até lá.

— Tenho sede — lamuriou-se.

Chegaram próximo ao córrego, abaixaram-se, a água que dele corria não era pura, mas estavam com tanta sede que sorveram o líquido ignorando o gosto desagradável.

Lauro apalpou o bolso lateral da calça rota e pegou um maço de raiz comestível. Dele tirou uma, mordeu-a e entregou o restante para a moça, agora apoiada em seu ombro. Ela o encarou com um sorriso doce, apanhou a raiz como se fosse uma fina iguaria e, enquanto a mastigava com gosto, confessou, a voz arfante:

— Estou a ponto de desistir.

— Sério?

— Sim — ela mexeu a cabeça. — Não sei se chegarei até o fim. Creio que não terei forças.

— Você é forte, minha amiga. Logo vamos entregar o infeliz — fez um sinal em direção ao homem desmaiado.

Ariane mastigou, engoliu e bebericou mais um pouco daquela água escura. Passou as costas da mão pelos lábios e, ao se levantar, confessou:

— Lauro, no fundo, eu não me sinto confortável em arrastar alguém e entregá-lo para sabe-se lá o que farão com ele.

Ele passou a mão pelos cabelos dela, sujos, em desalinho, e a encarou, sério:

— Esse homem é a chave que vai abrir a porta da sua liberdade e da minha ascensão.

— Mas entregar um ser humano... não sei.

— Ele não é um ser humano — esbravejou. — É um crápula.

— Você o conhece. Eu, não.

Ela tentou levantar o capuz que escondia o rosto do homem desacordado. Lauro fez ar de poucos amigos.

— Não toque nele. Já estamos quase chegando.

Ariane aquiesceu.

— Desculpe.

— Está pensativa. O que foi?

— Por que deseja ficar aqui? Não prefere a liberdade? Sair desse mundo sombrio e quase sem vida?

— Quero o poder — Lauro fez um gesto com a mão. — E iria para onde? Sair desse inferno e cair em outro, talvez pior que este em que estamos vivendo? — ele estalou os dedos e, no mesmo momento, uma coruja soltou um guincho, bem alto.

Ariane assustou-se, Lauro riu.

— Não precisa se assustar. Deve ser uma coruja dando recado a outra, demarcando o território.

— Não gosto desses bichos — ela foi categórica.

— Você não combina com este lugar.

— Detesto. Assim que Minos me deixar sair, quero ir para bem longe deste buraco. Quero e desejo paz. Apenas isto.

— Torço para tudo dar certo.

— Claro que vai dar certo — repetiu Ariane, voz animada. — Se estamos cumprindo o combinado, mostramos o quanto somos leais a Minos.

— A conversa está ótima, entretanto, já descansamos. Agora precisamos ir ao encontro do chefão.

Ariane sorriu, jogou o restinho de raiz ali no chão e se recompôs. Lauro também se refez e ambos ajeitaram as correntes na cintura. Ariane desabafou:

— Carregar esse corpo por tantos dias não tem sido tarefa fácil. Pensei que não fosse conseguir. E olha que a distância até o palácio de Minos não é tão longe. Não fosse esse trajeto repleto de labirintos...

— Calma. O pior já passou.

Escutaram um barulho de galho seco estalando próximo deles. Ariane assustou-se:

— Tem alguém aí?

Lauro a tranquilizou:

— Não há quase ninguém a perambular neste buraco em que adentramos do astral inferior. Fique tranquila.

— Melhor andar logo, Lauro.

— Está certo. Vamos juntar toda nossa força e arrastar esse verme. Falta pouco para chegar até o líder.

— Assim espero!

Ariane também ajeitou as correntes em sua cintura e deu um passo, fazendo força. Lauro fez o mesmo e foram caminhando, passos lentos, para a frente. Queriam, mais que depressa, entregar aquele espírito, arrastado sem dó nem piedade, a um poderoso chefe da legião das trevas e dar continuidade aos seus projetos reencarnatórios. Será que teriam sucesso?

CAPÍTULO 2

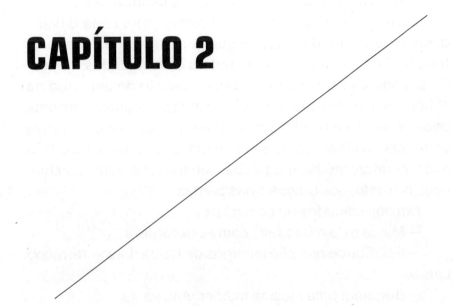

    Conforme os dois avançavam, a neblina ia diminuindo e não demorou muito para avistarem uma construção de aspecto medieval, cujas paredes externas apresentavam desgastes decorrentes da ação do tempo.

    Uma luz fraca foi surgindo e Lauro viu dois soldados, vestidos com armaduras de metal, a poucos metros de distância. Já o esperavam e, ao avistarem-no mais Ariane, carregando o corpo, fizeram sinal com a mão para que parassem.

    — Salve! — cumprimentou um deles.

    — Salve! — devolveu Lauro. — Viemos trazer a encomenda — apontou para o homem embrulhado no cobertor.

    — Sim — respondeu um dos soldados. — Minos os espera. Sigam.

    Ao passarem por um imenso portão de madeira, que rugiu fortemente ao abrir e fechar, Ariane sussurrou:

— Eles usam vestes de metal por todo o corpo. O capacete tem a forma de um rosto humano grotesco. É assustador.

— Creio que façam isso de propósito.

— Nunca havia visto os soldados de Minos antes...

Lauro e Ariane arrastaram o homem, com certa dificuldade, para dentro de um local que poderia ser designado de templo. Depois que entraram, outros dois soldados, trajando armaduras semelhantes, com o símbolo de um touro na chapa única de metal que revestia o peito, surgiram com uma padiola, abriram o cobertor, retiraram o corpo e o deitaram sobre ela. Tratava-se de um homem de quarenta e poucos anos, estatura média, magro, bem abatido, bastante machucado no rosto, nos braços e nas pernas.

Um dos soldados riu com gosto:

— Minos está muito feliz com essa captura.

— Sei. Soube que são inimigos de longa data — retrucou Lauro.

— Brigaram pela mesma mulher. Anos a fio.

Ariane arregalou os olhos.

— É mesmo? Nossa! Quem é a mulher que tanto amam? Uma rainha?

O soldado sorriu e prosseguiu:

— O infeliz que trouxeram, Miguel, tem sido comerciante há várias vidas, exímio negociante, próspero, viveu muitos anos em Florença, depois passou por Londres, no período da Revolução Industrial, onde desenvolveu habilidades como industrial. Estava pronto para, ao reencarnar no Brasil, ser um industrial e pioneiro em várias áreas da economia, contribuindo sobremaneira para o desenvolvimento e crescimento do Império.

Ariane arregalou os olhos.

— Você disse Miguel? Miguel de quê?

— Miguel Elias de Toledo Camargo.

Ela precisou se apoiar na parede. Sentiu falta de ar. Lauro aproximou-se e indagou:

— O que foi? Por que está passando mal?

— Ele — apontou para o homem desacordado — é o homem por quem me apaixonei.

Lauro fez uma negativa com a cabeça.

— Não pode ser. Ninguém seria capaz de se apaixonar por um sovina e desqualificado como ele.

— É ele, sim. Viúvo. Tinha um filho que não morava na casa. Parece que tinham brigado e Miguel vivia sozinho. E havia Judite...

— Você vivia na casa dele?

— Era criada. Acabei me apaixonando. Ele também gostava de mim.

Lauro estava estupefato. O soldado interveio e encarou Ariane:

— Você tem laços com ele de muitas vidas. Ajustes e desajustes de longa data. Não há afinidades de pensamentos, mas existe um sentimento profundo, uma mescla de amor e ressentimento que os une. Enquanto esse sentimento não for dissipado e transformado positivamente pelos dois, permanecerão unidos por tantas passagens ou reencarnações quanto forem necessárias.

Ariane sentiu uma ponta de ciúme.

— Quem é a mulher que ele e seu chefe tanto amam? Não pode ser Judite. Claro que não. Ela não tem atrativos.

O soldado riu com desdém.

— Você continua ingênua, Ariane.

— Não entendi.

O soldado sorriu de forma irônica:

— Hum. Você não faz ideia?

Lauro a encarou com grande surpresa. O soldado escarneceu:

— Acho que estraguei a surpresa.

Ariane levou as mãos na cintura, atordoada.

— Eu?! É sério?

— Isso mesmo! — uma voz bem grave, sinistra, ecoou pelo ambiente.

Era Minos que se aproximava. Os soldados o cumprimentaram com uma reverência e seguiram com a padiola, carregando Miguel para o interior de uma gruta repleta de celas.

Minos era uma coisa. De louco. Parecia um grande pedaço de pedra bruta. Media mais de dois metros de altura. Sua armadura, diferentemente da utilizada pelos seus soldados ou sentinelas, era estampada com gravuras, enfeitada com pedrarias e muitas partes douradas. No lugar do capacete horripilante dos guardas, o rosto de Minos ficava à mostra. Tinha um rosto expressivo, forte. Ele utilizava um chapéu de abas largas, enfeitado com penas, comuns nos trajes da infantaria alemã do século XVI.

Seus olhos transmitiam força e causavam medo, muito medo. Eram de um vermelho intenso. Ao mesmo tempo em que possuía um magnetismo que hipnotizava qualquer um com seu olhar sedutor, Minos tinha habilidade para usar sua força bruta, capaz de destruir qualquer um à sua frente.

A pele do rosto era amorenada, os cabelos negros e fartos desciam pelo chapéu e caíam em cachos pelos ombros. O bigode vasto lhe conferia certo charme, uma presença intensa. De certo modo, parecia que tudo e todos, ali, estavam vivendo como se estivessem em plena Idade Média.

Ariane encarou Minos e sentiu um calafrio. Ele se aproximou dela.

— Olá, pequena. Lembra-se de mim?

A mente dela tentava esquadrinhar aquele rosto. Era-lhe familiar. De onde Ariane o conhecia?

— Não me recordo.

— Terá todo o tempo do mundo para se recordar de mim. Vivemos tanta coisa boa... e ruim também — a voz dele era grave.

Ariane encarou aquele homenzarrão e ficou estática. Sentiu medo. Minos prosseguiu:

— Ficará um bom tempo aqui. Aos poucos, a sua mente vai se lembrar de mim.

Lauro não estava entendendo nada.

— Você queria que eu o trouxesse por causa de uma briga de namorados? Disputa pelo coração dela?

Minos o fulminou com ódio:

— Você me foi útil. Eu sabia que, pela ligação que tinham, você o traria até mim.

Ariane quis saber:

— O que você tem a ver com Miguel?

— Eles também têm ligações mal resolvidas do passado. São amigos — ou inimigos — de muitas vidas.

— Eu nunca o vi no casarão. Qual é o seu parentesco com Miguel?

Lauro abaixou a cabeça, sem graça.

— Havia feito um trato com Minos logo que vim para este lado da vida. O nosso encontro, meu e seu, foi acidental.

Ariane o interrompeu, irritada:

— Acidental?! Claro. Coincidentemente, você encontrou por acaso a mulher que amava justamente o homem que tinha de entregar para Minos.

— Confesso que menti um tiquinho. Eu sabia quem você era.

Ariane teve ímpetos de estapeá-lo.

— Você me usou, Lauro!

— Não foi assim. Deixe-me explicar melhor, Ariane.

Minos apenas apreciava a cena, sem nada dizer. Um dos sentinelas, que conduzira o velho para dentro da gruta e o jogara em uma cela, já havia retornado, e interveio:

— E agora? Não podemos liberá-lo nesse estado.

— Tem razão, Orion. Tem toda razão.

Lauro meneou a cabeça:

— O trato era trazer Miguel para Minos. Eu cumpri com o prometido. Quero a promoção.

— Entretanto, traiu a confiança de Miguel e de Ariane. Sou líder aqui nas trevas, mas não compactuo com traição.

— Eu não a traí — Lauro tentou se defender.

— Você a usou. Isso é muito feio. Eu posso ser líder nas trevas, mas somos leais uns aos outros. Embora possamos cometer atos que sejam degradantes aos olhos dos outros, não mentimos. E você traiu Miguel. Foi capaz de apunhalar pelas costas o homem que...

Lauro o interrompeu.

— Não fale mais nada, Minos. Por favor. Sei o que fiz, mas estou arrependido.

Lauro falava a verdade. Ele começava a se arrepender de muita coisa, no entanto, começou a sentir um frio na barriga, o pavor tomou conta dele.

Ariane nada dizia. Deixou o corpo cair sobre si mesma, de joelhos, completamente desalentada. As lágrimas vieram rápidas.

— Por que a vida foi tão cruel? Por que nada deu certo?

Orion ajuntou:

— Numa vida anterior a essa, você foi uma bruxa e...

Minos gritou:

— Pare, Orion. Não diga mais nada. Não quero que ela fique mais confusa do que já está.

Ele chegou perto e passou as mãos pelos cabelos dela, sujos e em desalinho:

— Calma, minha pequena. Com o tempo, tudo lhe será revelado. Não se desespere.

O choro tornou-se mais intenso. Orion aproximou-se e encostou as pontas dos dedos de uma das mãos na testa dela, passando para Ariane uma energia calmante.

Enquanto isso, Minos deu alguns passos e ficou bem próximo de Lauro, encostando-lhe o dedo em riste.

— Eu vou cuidar dela. Você ficará preso.

— Não! — ele bradou. — Não é justo. Você me prometeu um alto cargo. Disse que eu seria um de seus homens de confiança.

— Eu sou o homem de confiança dele — interveio Orion, colérico. — Não queira tomar o meu lugar!

Lauro gaguejou e disparou:

— Eu me arrependi. Não quero mais confusão. No fundo, sou um homem de bem.

Minos gargalhou:

— Homem de bem?

— Sim. Fui tomado pela ilusão. Quero me redimir.

— Quer que eu o prenda agora? — indagou Orion.

Lauro tentou argumentar. Minos cuspiu de lado e rebateu:

— Chega! — gritou. — Estou por aqui com você — passou a mão pela garganta.

Em seguida, o homenzarrão abriu a mão, estalou o dedo, e outros dois sentinelas, também enormes, surgiram do nada. Um deles encostou um tipo de dispositivo na testa de Lauro, dando-lhe um choque. O rapaz desmaiou imediatamente. Depois, Minos voltou até Ariane.

— Sente-se melhor depois de tanto chorar?

— Mais ou menos. Cansada, triste...

— Vamos lhe dar um quarto, banho, roupas limpas. Depois, se estiver interessada, gostaria de conversar com você sobre seu futuro.

— Meu futuro?

— É. Agora que voltamos a ficar juntos, podemos tecer planos.

Orion sentiu ciúme. Não gostava de Ariane por perto, mas controlou-se. Não era o momento de fazer qualquer tipo de comentário.

— Tanta coisa aconteceu — Ariane suspirou. — Talvez eu pudesse conversar com Miguel. Quando acordar, ele vai se lembrar de mim. Pensa que fugi, que desapareci de sua vida. Não sabe que sumi porque tinha morrido...

Minos fez esforço para não se descontrolar. Não gostava quando Ariane falava de Miguel, demonstrando carinho por aquele ser que ele julgava ser repugnante, entretanto, tentou ser simpático.

— Poderá refletir sobre tudo o que lhe aconteceu. Terá bastante tempo para isso. Agora venha comigo. Vou levá-la para descansar.

Ariane mordiscou os lábios. Olhou para Lauro, caído no outro lado da sala, e disse, entredentes:

— Estou decepcionada com Lauro. Aliás, decepcionada com tudo. Queria mesmo me deitar e dormir.

Minos riu.

— Ah, minha pequena! Chegou a hora de traçar planos para o futuro. Venha.

Minos estendeu a mão e Ariane a tomou. Levantou-se e ele passou o braço pela cintura dela. Caminharam abraçados para outro cômodo, ela e o grande chefe das trevas, enquanto Lauro era levado para uma cela ao lado da de Miguel.

Conforme recebia tratamento e tinha os ferimentos cuidados, aos poucos, o homem foi voltando a si. Dias depois, já fortalecido e em melhores condições, ao encarar Lauro, Miguel arregalou os olhos, num misto de surpresa e ojeriza.

O impacto da presença foi tão grande que, antes de desfalecer, Miguel queixou-se numa voz zangada e sofrida:

— Como pôde fazer isso comigo, Lauro? Meu próprio filho!

CAPÍTULO 3

O tempo passou.

Francisca e Antero eram jovens, casados havia pouco mais de cinco anos e com um filho pequeno para criar; portugueses, resolveram arriscar a vida no Brasil após o fim da guerra que devastara a Europa. Embora Portugal tivesse se mantido neutro durante o conflito, a situação do país não era das melhores.

Considerada uma das guerras mais letais e cruéis que a humanidade já presenciou – calcula-se que tenham morrido mais de cinquenta milhões de pessoas no conflito –, a Segunda Guerra Mundial também deixou feridas ainda difíceis de serem cicatrizadas por conta dos campos de concentração, local onde milhões de judeus foram barbaramente torturados e assassinados. Mas este é assunto para outra história...

Vamos nos concentrar no casal de portugueses. Desacreditado de que a ajuda dos Estados Unidos à reconstrução da Europa, por meio do Plano Marshall, se estenderia ao seu país – o governo de Salazar vinha enfrentando e combatendo greves, escassez de alimentos e havia certo descontrole sobre a inflação –, o casal fez as malas, despediu-se dos poucos parentes, apanhou o pequeno Miguel, então com quatro anos de idade, e tomaram o navio com destino a Santos, litoral de São Paulo.

Cabe ressaltar que um dos motivos que levaram Antero a decidir ir para tão longe não eram apenas os problemas que Portugal enfrentava. Ele era mulherengo e envolvera-se com uma moça da região. Um de seus poucos amigos contara-lhe que ela engravidara de Antero e iria confrontá-lo na frente de Francisca.

Tudo o que Antero menos queria na vida era desestabilizar seu casamento. Depois de passar a noite em claro, decidiu que sumir dali seria o melhor a fazer.

Antero sabia que um conterrâneo, Joaquim, amigo de seu tio, estava estabelecido no Brasil havia mais de duas décadas. Era proprietário de um boteco nos arredores do Largo da Sé, no centro de São Paulo. Assim que chegassem ao país, iria procurar o Joaquim. Era a sua esperança! Francisca, por sua vez, de nada desconfiara. Ou, se havia desconfiado, não deixou transparecer. Ela idolatrava o marido. Antero era tudo para ela.

Tão logo o navio atracou em terras brasileiras, a família recém-chegada dormiu num hotelzinho em Santos e, no dia imediato, tomou o trem para a capital. Pai, mãe e filho desembarcaram na Estação da Luz por volta da hora do almoço.

Francisca carregava o pequeno Miguel no colo, adormecido, cansado da viagem. Antero ia na frente, arrastando a mala com uma mão; na outra, segurava um papel com o endereço do boteco do Joaquim. Logo que deixaram a plataforma,

Antero perguntou a um guarda como chegar até o tal bar, que o informou:

— Não fica longe daqui, mas, como está com bagagem, esposa e filho, melhor tomar um carro de aluguel.

— Estou a levar pouco dinheiro — ele devolveu, com o sotaque carregado.

O guarda notou que Antero era estrangeiro e estava ali pela primeira vez. Solícito, chamou um amigo que rondava a região da estação com seu táxi.

Mário, um moreno grandão, assustou Antero num primeiro momento, porém, sua fala era mansa e ele tinha um jeito meio caipira, sorriso fácil. Logo cativou Antero e Francisca. Apanhou a mala e a colocou no bagageiro. Em seguida, abriu a porta para Francisca e, com delicadeza, apoiou a mão sobre a cabeça de Miguel, protegendo-a da estrutura da porta.

O gesto comoveu Francisca e agradou a Antero. O guarda sorriu e recomendou:

— Cuide bem da família. São novatos. Não deixe que malandros tentem se aproveitar da ingenuidade deles.

— Deixe comigo, seu guarda. Estão comigo, estão com Deus!

Mário deu a volta, sentou no banco do motorista e deu partida. Puxou conversa:

— Estão vindo de qual parte de Portugal?

— Como sabes que somos de Portugal? — perguntou Antero.

— Pelo sotaque. E pelo bigode — Mário fez um gesto gracioso com o dedo sob o nariz e riu com gosto. — O senhor tem cara de português. Não tem como negar. A senhora também tem a aparência de uma portuguesa legítima!

— Somos nascidos e criados em Setúbal. Conheces?

— Já ouvi falar.

— Pensei que fôssemos tal qual vocês — ela rebateu.

— Não. Vestem-se de maneira diferente, falam de outro jeito. Somos mais expansivos, temos maneiras de andar, de nos vestir e de nos expressar mais soltas. Logo perceberão que somos bem diferentes. Além do mais — continuou Mário — há muitos portugueses aqui em São Paulo. Na minha rua moram duas senhoras que vieram de Portugal. Como veem, estamos acostumados com o pessoal da terrinha!

Antero sorriu.

— Fico muito agradecido com a gentileza e a acolhida. Confesso que estávamos um tanto apreensivos, amedrontados porque falaram-nos que aqui é muito grande, poderíamos nos perder, ser enganados, enfim...

— Infelizmente, é verdade, mas foram protegidos e bem guiados. Estão comigo e ganharam um amigo. Eu os levarei até o bar desse senhor.

Francisca adiantou, apreensiva:

— Antero vai a essa morada para tentar trabalho. Não temos onde nos instalar. Nem sabemos de que maneira poderemos nos estabelecer. Nosso dinheiro está contado.

— Não é problema. Como disse, foram bem guiados.

Francisca e Antero entreolharam-se, sem nada entender. Mário, pelo retrovisor, sorriu e lhes explicou, enquanto guiava:

— Eu e minha esposa temos uma pequena pensão no bairro da Liberdade, próximo ao bar desse conhecido de vocês. Poderão ficar instalados em nossa residência.

— Ficamos imensamente gratos — acrescentou Antero —, todavia, nosso dinheiro é, de fato, contado. Não sei se teremos condições de pagar uma morada com comida, casa de banho...

— Não se preocupem. O importante é terem um lugar para ficar, por ora. Depois, resolveremos o resto.

Francisca deixou que uma lágrima escorresse pelo canto do olho e, gentilmente, tocou o ombro de Mário. Em seguida, acariciou o rosto do pequeno Miguel, que dormia um sono irrequieto.

Mário quis saber:

— O menino tem alguma coisa? Parece agitado, mesmo dormindo.

Francisca respondeu, voz preocupada:

— Desde o meio da viagem, Miguel não anda bem. Enjoou durante todo o trajeto, dorme e acorda a chorar! Deve ser a mudança de país, de clima...

Mário deu um meio-sorriso e nada disse. Antero comentou:

— O senhor está a ser muito gentil conosco. Não encontro palavras de agradecimento.

— Não precisa agradecer. Tudo o que fazemos na vida volta para nós em dobro!

CAPÍTULO 4

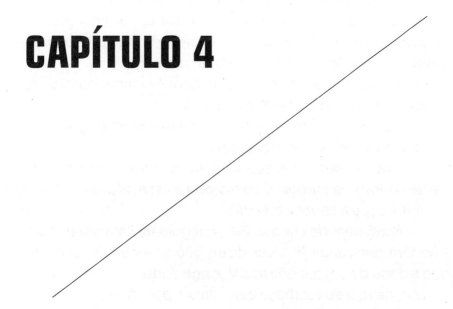

Mário dobrou numa ruazinha sem saída nas imediações da Rua da Glória. Era uma viela bonitinha, com jeito de vila. As poucas casas eram parecidas, geminadas, pintadas na cor bege, portões e janelas na cor marrom e com jardinzinho na frente de cada uma delas. Havia uma maior, nos fundos, bem espaçosa, com jardim lateral, garagem, que ressaltava pelo tamanho e pela beleza. Era a pensão de Mário.

Francisca desceu do carro, e o pequeno Miguel acordou, choramingando. Uma menina bonita, morena, olhos grandes e cabelos pretos longos e em tranças, de quatro anos, mesma idade que a dele, veio correndo alegre e o puxou pela mão.

— Vamos brincar de pular corda.

Miguel imediatamente parou de choramingar, sorriu e deixou-se conduzir. Francisca ficou boquiaberta.

— Estava tão apático! Além do mais, ele é tímido. Não costuma ser simpático com estranhos.

— Não há como! Glorinha é um anjo em forma de gente. Não é porque é minha filha, mas é uma menina adorável.

Logo uma mulher bonita, alta e forte, cabelos presos com um lenço colorido e brincos em forma de argola, enormes, apareceu na soleira. O sorriso era encantador.

— Amor, o que faz aqui a esta hora? — indagou Alcina, mãos na cintura, num gesto muito seu.

— Novos hóspedes. Especiais. Amigos de Portugal.

Ela fez uma careta engraçada.

— Nunca soube, nesses sete anos juntos, que você tivesse amigos na Europa. Que história é essa, Mário?

Ele coçou a cabeça e sorriu.

— Acabaram de chegar. Eu os peguei na Estação da Luz. Não têm para onde ir. Quer dizer, vão atrás de um parente que é dono de um bar não muito longe daqui.

Alcina mexeu a cabeça para cima e para baixo.

— Tudo bem. A Nadir e o marido foram embora para o interior. O quarto ainda não foi alugado. Podem ficar com o quarto deles. O menino terá de dormir na mesma cama.

— Sem problemas — interveio Francisca. — Miguel não é de dar-nos trabalho. Adapta-se tranquilamente em qualquer sítio.

— Hã? — Alcina não entendeu.

— Lugar. Sítio, para os portugueses, é o mesmo que lugar — esclareceu Mário, sorridente, enquanto ajeitava a mala próximo do portão.

— Podem entrar.

A princípio, Alcina os tratou com deferência. Era uma mulher bem expansiva, mas reservada com pessoas as quais não conhecia. É que ela possuía muita sensibilidade e, desde que vira o casal, notara uma nuvenzinha escura sobre a cabeça do pequeno Miguel. Além do mais, não gostara da forma como Antero a cumprimentara, encarando-a com lascívia. Alcina conhecia o tipo. Já ficou com o pé atrás, cismada com o português.

Mário percebeu o olhar característico e, assim que teve oportunidade, a sós, quis saber:

— Conheço você como a palma de minha mão. É simpática com deus e o mundo. O que a fez ser um tanto fria com esse casal? O que viu?

— Nada.

— Amor, eu a conheço. Não precisa me esconder *essas coisas* — enfatizou.

Alcina não queria deixar o marido irritado acerca das suspeitas dela sobre o português. Iria ficar de olhos bem abertos. Mas fez sim com a cabeça e falou:

— Tem algo estranho com o garoto. Esquisito. Nunca vi antes.

— O quê?

— Não sei ao certo. É como uma sombra que o acompanha a distância. Tenta chegar, mas parece que é impedida de atacá-lo — Alcina falou e arrepiou-se toda.

— É só um garotinho.

— Não se esqueça de que o corpo dele abriga um espírito que já viveu muitas vidas.

— Tem como fazer alguma coisa para que ele não seja prejudicado ou que não nos prejudique?

— Não sei. Penso em procurar dona Carmela. Ela pode nos ajudar em casos como esse.

— Tem razão, meu amor. Procure dona Carmela. Vamos ajudar essa família no que for necessário.

Alcina forçou um sorriso. Simpatizara com Francisca e o pequeno Miguel, contudo, antipatizara de cara com Antero. Pressentia cheiro de confusão no ar.

Em todo caso, vou atrás de dona Carmela. Ela sempre me orienta a fazer o melhor.

Alcina falou consigo mesma e imediatamente pediu ao marido que instalasse o casal no quarto e mostrasse as dependências da pensão.

— Depois do almoço, podem ir sossegados ao boteco. Deixem o Miguel com a gente. Cuidaremos do seu filho.

Francisca abriu um largo sorriso.

— Agradecida por cuidarem do meu miúdo.

Alcina fez cara de interrogação e, mais uma vez, Mário explicou:

— Miúdo é como se chama um garoto lá em Portugal.

— Ah, sei...

Assim que terminaram o almoço, Mário levou Francisca e Antero até o bar do Joaquim. Alcina deixou as crianças sob a supervisão de Iara, uma mocinha que trabalhava com ela havia alguns anos.

Iara viera do interior de São Paulo e estava ali fazia uns cinco anos. Era prendada, fazia todo tipo de serviço na pensão. Era o braço direito de Alcina. Bem-humorada e esfuziante, adorava uma seresta.

Alcina despediu-se das crianças, dobrou a viela, ganhou a rua e apertou o passo até a casa de dona Carmela, a algumas quadras dali.

Dona Carmela era uma senhora que fora católica de nascimento, mas abraçou o espiritismo quando perdera os pais muito cedo e ficou sem ninguém no mundo para ajudá-la a se criar. Teve a prestimosa ajuda de Anália Franco, educadora e mulher à frente do seu tempo, que ajudava e promovia o bem-estar a crianças carentes da cidade.

Anália Franco era adepta do espiritismo e, por intermédio dela, Carmela conheceu a doutrina. Entendeu e aceitou definitivamente a morte dos pais, o motivo pelo qual uns morrem cedo demais e outros nem tanto. Atualmente, na meia-idade, estava viúva havia alguns anos, sem filhos. O marido, de família rica, deixara-lhe de herança alguns imóveis — casas, fazendas e galpões — espalhados pela cidade e pelo estado. Alguns ela vendera; outros, alugara, proporcionando-lhe uma vida confortável.

Carmela decidiu transformar os galpões desativados em centros de auxílio a crianças carentes. Com a ajuda de senhoras da sociedade e de religiosos, alguns galpões se transformaram em orfanatos; outros, em asilos.

Ao longo do tempo, outras senhoras e industriais, tocados pela iniciativa, começaram a ajudar. Uns doavam roupas de sua própria confecção, outros forneciam a refeição das crianças, os móveis, os remédios, assim, Carmela recebia ajuda e tinha condições de aumentar o número de assistidos.

Depois que as crianças eram acolhidas e tinham suas necessidades básicas atendidas, era o momento de Carmela lhes transmitir ideias positivas acerca de si mesmas e da vida.

Muitas delas, a maioria, conseguiam perceber que estavam tendo uma autoestima melhor.

Carmela não se casou de novo. Tinha um ou outro pretendente que tentava seduzi-la e lhe fazia propostas. Mas vivera uma linda história com Bartolomeu e também sentia um grande amor por si, pelas crianças e pelos jovens que ajudava, pelos amigos e, sobretudo, pela vida. Era feliz assim. Articulada, bem-humorada, Carmela era a simpatia e o carisma em forma de gente. Tinha uma sensibilidade peculiar.

Alcina chegou e tocou a campainha. Uma mocinha apareceu e, sorridente, cumprimentou:

— Oi, dona Alcina. Tudo bem?

— Tudo, Ofélia. Carmela está ocupada?

— Não. Está na sala de leitura. Quer entrar?

— Sim.

A jovem abriu o portão e a fez entrar. Alcina agradeceu, foi caminhando pelo jardim, e Ofélia ia atrás. Mais ao fundo, passando por um lindo caramanchão repleto de rosas trepadeiras e madressilvas, chegaram até onde Carmela mantinha uma saleta para descanso.

Bateram à porta e escutaram um "Entre".

Alcina abriu a porta e entrou. Carmela estava sentada em uma poltrona bem confortável, revestida por um tecido florido. O rosto transmitia calma, serenidade e paz. Ela baixou os óculos e pousou o livro sobre a mesinha ao lado. Seus olhos escuros e penetrantes encararam a amiga:

— Boa tarde, Alcina. Como vai?

— Olá. Não queria incomodá-la. Sei que reserva parte da tarde para ler — ela observou o livro sobre a mesinha e comentou: — *Capitães da areia*? Não conheço.

— Romance belíssimo de Jorge Amado. É um retrato, infelizmente, real, das precárias condições de vida de muitas crianças deste país.

— Interessante. Um casal de baianos viveu na pensão por uns tempos. Eles comentaram algo sobre esse escritor — Alcina levou a mão ao queixo. — Parece que foi perseguido na época de Vargas.

Carmela fez sim com a cabeça.

— Inclusive, este livro, *Capitães da areia*, quando lançado, teve vários exemplares queimados em praça pública, lá em Salvador. Vários exemplares também foram apreendidos em livrarias do Rio e daqui de São Paulo.

— Que horror! Por que isso?

— O governo tachou a obra de objeto de propaganda comunista e outros a consideraram nociva à sociedade. É porque o protagonista do romance é um menino de rua, que burla a lei. Creio que a sociedade, presa ainda a conceitos tão rígidos de moral, não esteja preparada para encarar uma obra literária tão rica e, por que não dizer, belíssima.

O PASSADO NÃO TEM FORÇA

— Vou ler.

— Sabe que sempre passo adiante os livros que leio. É um costume meu. Quando tiver o prazer de ler esta obra — apontou para o livro —, vai entender melhor o motivo pelo qual gosto tanto de fazer o trabalho de promoção humana e ajudar a tantas crianças carentes.

— Gostaria de ajudar, mas a pensão toma um tempo tão grande!

— Você já me ajuda com as prendas que arrecada, com os bazares que me ajuda a realizar. Já está de bom tamanho. Cada um ajuda como pode. É o que vale.

Alcina sorriu agradecida.

— Dona Carmela, sempre tão gentil!

— Mudando de assunto. Veio até mim porque quer conversar sobre a família que chegou à pensão. Vamos lá, o que a assustou?

Alcina riu.

— A senhora sempre está à frente de tudo! Já sabe o porquê de eu ter vindo.

— Pois é, minha filha. Eu sei. Já fui intuída de que certas forças estão querendo chegar ao menino. Perturbação espiritual. O que viu?

— Algo estranhíssimo. Uma nuvenzinha escura que paira sobre a cabeça do garoto.

— A distância. Não pode pegá-lo ou influenciá-lo, por ora.

— Como sabe?

Carmela sorriu e meneou a cabeça.

— O garotinho tem um anjo protetor muito atento. De acordo com o que pude sentir desse ser iluminado, o único jeito de o menino reencarnar era longe do nosso país.

— Quer dizer que já viveu aqui?

— Exato. Tem ligações com esta terra. Portanto, se os pais tivessem nascido aqui, talvez prejudicassem a mãe, a gravidez seria difícil. Ela poderia abortar. Os amigos espirituais fizeram tudo como deveria ser feito. Agora chegou o momento de ele começar a viver o que tem de viver.

— É uma criança... estou repetindo praticamente o que Mário disse. Sei que é um espírito reencarnado no corpo de uma criança, mas está renascendo, começando tudo de novo.

— Não importa, Alcina. Esse espírito é forte. Foi torturado e preso depois de morto. Após alguns anos, foi resgatado por seres de alta esfera de luz e tem um trabalho de grande valor a realizar. Incomoda os que odeiam o progresso. Alguns espíritos ligados às trevas não queriam que ele retornasse, mas ele foi forte, corajoso e, sabendo que viriam atrás dele, decidiu por livre e espontânea vontade renascer e encarar os desafios.

— Como sabe de tudo isso?

— Senti a presença do anjo protetor dele, conforme comentei há pouco. De mais a mais, ontem tive um sonho com esse protetor.

— Mesmo? Estou sem palavras...

— O sonho foi bem nítido. Pude reter praticamente todas as informações. O protetor se chama Teseu. Pediu para acolher a família com carinho e dar suporte a ele e à mãe. Muita coisa vai acontecer, e você e Mário serão peças fundamentais para ajudá-lo a crescer forte, digno e longe desses espíritos que querem atrapalhá-lo.

— É muita responsabilidade, Carmela. Não sei se dou conta.

— Alcina, não se ponha para baixo. Sabe do que é capaz. É uma pessoa de fé, sempre ligada ao bem.

— É?

— Hum, hum. Muito me espanta você agir assim.

— Como?

— Ora, ora, Alcina. Você sabe que tem sensibilidade desde mocinha. Por que esse medo todo?

— Não sei explicar. É algo que me deixa desorientada. Parece que, às vezes, tem mais força que eu...

Carmela a interrompeu:

— Nada nem ninguém tem mais força que você. Onde já se viu? Quem está com o bem não pode temer o mal.

— É verdade.

— Pois então. Fique firme na fé, peça ajuda e proteção espiritual. Continue mantendo seus valores nobres.

— Tem razão, dona Carmela. Eu, às vezes, exagero.

— Sei, mas não é hora para isso. E tem mais.

— O quê?

— Glorinha poderá ajudá-lo bastante nesse processo. Eles têm ligação do passado. Uma boa ligação. Precisam aproveitar e estreitar os laços de afeto que os unem antes que os outros retornem.

— Os outros quem?

— Os que os mantiveram presos no lado de lá. Vai chegar o momento em que terão de voltar e todos vão ter de se rea-proximar.

— Tive uma impressão negativa em relação ao pai.

— Pois é — continuou Carmela. — Esses espíritos trabalham com a manipulação da mente humana. Tentam se aproximar por meio da fraqueza que as pessoas têm. É só por meio das fraquezas que eles conseguem se aproximar e atuar. Antero, infelizmente, é fraco para a bebida e não tem controle sobre os impulsos da paixão. Ele cede fácil aos desejos. Não tem freio.

— Mas é casado, tem família.

— Nada o impede. Deveria, dentro do contexto. Francisca é uma boa mulher, Miguel tem tudo para ser um bom filho. Podem ser uma família feliz. Todavia, somos responsáveis por nossas escolhas. O que semeamos, vamos colher.

MARCELO CEZAR DITADO PELO ESPÍRITO MARCO AURÉLIO

— Ele não presta.

— Entendo como se sente, contudo, tente não julgar, querida.

— É difícil!

— Sei que é. Todos, sem exceção, julgam a si mesmos e os outros, em maior ou menor escala.

— A senhora já não tem esse tipo de atitude.

— Não é porque sou espírita e faço boas ações que não tenho de enfrentar meus demônios interiores. Ainda tenho muito que aprender sobre o entendimento do outro e praticar a máxima: "Amai o próximo como a ti mesmo".

— Ainda terei de reencarnar muitas vezes. Não consigo deixar de julgar!

As duas riram. Carmela enfatizou:

— Não se cobre. O amadurecimento requer tempo e dedicação. É esforço de cada um melhorar a visão que temos de nós mesmos e, consequentemente, dos outros. Por esse motivo, perceba que Antero é o que é. Ninguém pode oferecer o que não tem. Vamos orar para que ele possa receber boas vibrações, ter inspiração dos amigos do bem que querem vê-lo feliz.

— Não sei. Os olhos dele sobre mim revelaram seu caráter. Eu conheço o tipo, dona Carmela.

— Faça a sua parte. Dirija a ele e à família dele vibrações de amor. O resto fica por conta da vida. Ela sempre sabe o que faz.

— Tem razão, dona Carmela. Obrigada.

Alcina despediu-se e saiu da casa de Carmela sentindo agradável sensação de bem-estar. Faria o que estivesse ao seu alcance para ajudar aquela família. Dentro do possível. No entanto, sentia que, com a chegada dos portugueses à pensão, a sua vida e a de sua família, dali por diante, mudariam completamente.

34

CAPÍTULO 5

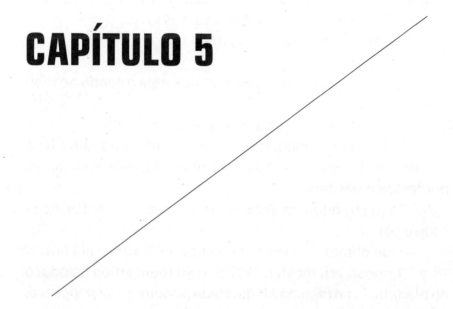

No mundo espiritual, isto é, numa outra dimensão, as coisas não andavam muito bem. Por ali, ainda reverberavam os reflexos produzidos pelas duas guerras mundiais ocorridas no planeta até a metade do século XX. Depois de lutar contra as forças do bem nas duas guerras, escondido em um local muitos metros abaixo da crosta, Minos perdera boa parte de sua tropa.

Andando de um lado para o outro, esbravejava com os poucos sentinelas que lealmente ainda o acompanhavam.

— Cadê o infeliz do Lauro? Sabe para onde aqueles vaga-lumes do bem o levaram?

Orion, o fiel companheiro, respondeu:

— Após o término da Segunda Guerra, quando sofremos a invasão dos seres da luz e Teseu arrancou Lauro de nós, perdi sua localização. De onde estamos, fica difícil procurar um meio de encontrá-lo.

— Pois suba e encontre esse meio, Orion. Muitos dos que estavam ao nosso lado debandaram. Fui traído. Só posso contar com você e alguns poucos soldados.

— Jamais vou deixá-lo, mestre.

Minos sorriu.

— Sei que é leal a mim. Há séculos está lutando ao meu lado.

— E continuarei assim séculos adiante.

— Obrigado — mudou o tom e seu rosto adquiriu uma fisionomia diabólica: — Agora vá atrás daquele imbecil. Já perdemos o pai dele.

— Fique tranquilo porque um de nossos sentinelas localizou o pai.

— Que ótimo! — animou-se Minos. — Traga-o até nós.

— Impossível, mestre. O dito-cujo reencarnou há pouco no planeta. É um menino ainda. Nada podemos fazer, por ora.

Minos rangeu os dentes com raiva:

— Se Lauro estivesse aqui, poderíamos usá-lo para atormentar a criança. Entretanto, o infeliz foi levado pelo grupo da luz.

— Nós o teremos de volta, mestre.

— Ainda poderei usar Ariane como isca.

— Onde ela está? — indagou Orion.

— A pequena descansa a sono solto.

— Faz anos que dorme. Não acha que está na hora de ela despertar e...

Minos o interrompeu com secura:

— Eu sei o momento certo em que Ariane deverá acordar. Agora trate de tentar localizar o miserável do Lauro. E, depois, se puder, envie um dos nossos para ver em que condições cresce o garoto.

— Sim, mestre.

— Todavia, quero que só avaliem o local, estudem a fundo os pontos fracos da família e de quem estiver próximo deles. Não quero que atuem sobre o menino. Nada de obsessões, por agora. Já fui informado de que o pai pode ser a porta de entrada para perturbar e desequilibrar a família.

— Pode deixar, conte comigo!

Orion saiu da gruta escura e úmida. Minos sorriu. Acendeu um charuto, soltou uma baforada para o alto e entrou em uma câmara iluminada por uma luzinha vermelha.

Ariane dormia dentro de um caixote de vidro com pequenos orifícios nas laterais para que o ar pudesse entrar e reciclar-se. Ele a olhou com carinho e murmurou:

— Mais alguns anos e você vai reencarnar. E vai trazê-lo de volta para mim. Dessa vez, Miguel não escapará.

Aproximou-se da estrutura de vidro, levantou a tampa e encostou o dedo na testa de Ariane. Ela estremeceu e em sua mente passaram cenas as mais diversas. Ariane seduzindo homens, dominando-os, escravizando-os, fazendo-os de idiotas. Homens se atiravam a seus pés, outros se matavam, muitos se pegavam a tapa e se digladiavam.

Minos sugestionava uma série de situações, como se Ariane tivesse vivido ou estivesse vivendo aquilo. O sistema límbico dela registrava tudo como verdadeiro. E era o que importava.

Os estudos de neurociência revelam que o cérebro não distingue o real do imaginário. Por exemplo, se assistirmos a um filme de terror, nosso corpo vai se comportar como se estivesse vivenciando as cenas horripilantes do filme. Isso porque, quando o cérebro se altera, os sentidos se intensificam e o medo cria um estado de alerta que dá força às experiências ruins.

Minos sabia exatamente o que produzir em Ariane. Sabia como intoxicar as redes neurais de seu perispírito com crenças e ideias negativas a respeito de si mesma e dos homens. E ela não precisava estar acordada para absorver essas crenças.

Passava das quatro da tarde quando Glorinha cansou-se de brincar. Uma outra menina também largou a corda e Miguel quis saber:

— E agora?

— Banho.

— Como?

— Hora do banho.

Alcina veio logo atrás. A menina que estava com eles se despediu e foi para casa. Glorinha puxou a mão de Miguel e entraram na pensão.

Depois de tomarem banho e vestidos com pijamas, prontos para o jantar, Glorinha notou uma presença próximo de Miguel. Indagou com naturalidade:

— Oi.

Teseu surpreendeu-se a princípio. Depois, lembrou-se da facilidade com que as crianças veem os espíritos.

— Está me vendo? — interrogou, num sorriso.

— Estou. É amigo do Miguel?

— Somos conhecidos.

— Vamos brincar?

— Não posso, por ora. Vim apenas para uma visita rápida.

Miguel também percebeu a presença e perguntou:

— Quem é você?

Antes de Teseu responder, Alcina entrou no quarto. Também notou a presença espiritual. Todavia, sentiu agradável sensação de bem-estar. Logo lembrou-se da conversa com Carmela. Sorriu e questionou:

— O que tanto conversam?

— É o amigo do Miguel — respondeu Glorinha e apontou para o vazio, no canto do quarto.

Alcina acompanhou o dedo da filha e mirou o nada. Apenas a cortina.

— É um amiguinho?

Glorinha fez sim com a cabeça. Miguel esclareceu:

— Ele apareceu semana passada. Vem à noite. Conta-me histórias para dormir.

Alcina continuou a mirar o vazio. Fechou os olhos e fez uma pergunta ao espírito:

"É amigo do menino?"

"Sou guia dele. Dona Carmela já falou de mim para você."

Alcina sorriu. Ele prosseguiu:

"De vez em quando venho visitá-lo."

"Miguel corre algum perigo?"

"Ele, não. Entretanto, a vida segue seu rumo e mudanças ocorrerão. Em breve, Miguel precisará do seu apoio. Tenho a certeza de que não irá negar ajuda."

"Claro que não!"

"Preciso ir."

Teseu despediu-se, não sem antes deixar no ambiente uma energia tranquilizadora e agradável. Ao se desvanecer no ar, Glorinha fez um muxoxo.

— Ele foi embora, mamãe.

Alcina procurou manter um tom natural na voz.

— Vamos jantar.

As crianças obedeceram. Para elas, a aparição era algo comum e corriqueiro, fenômeno conhecido por muitos como "amigo imaginário".

Alcina ficou matutando.

Vou esperar os pais chegarem. Foram ao bar. Não devem demorar. Preciso conversar com eles sobre esse assunto.

Francisca e Antero chegaram animados. Eles conseguiram encontrar Joaquim, e o conterrâneo dera emprego a Antero. Seria atendente do bar. O salário era baixo, mas era um começo. Antero começaria a trabalhar na manhã seguinte.

Francisca oferecera seus serviços como lavadeira e arrumadeira. Havia sido recomendada por um conhecido de Joaquim. Iria também no dia seguinte até a casa. Ficava um pouco longe, em bairro distante do centro, mas valia o sacrifício.

Juntando o salário dela e o do marido, daria para pagar a pensão e viverem com certa dignidade.

Ao ver a felicidade estampada no rosto do casal, Alcina achou melhor deixar a conversa sobre a presença espiritual para outro momento.

Hoje é noite de celebração. Eles acabaram de chegar e estão animados com o recomeço. Vou ficar de olho nesse português. Depois, conversarei com eles sobre a parte espiritual. Vamos dar tempo ao tempo.

CAPÍTULO 6

Os meses correram, já se aproximava a Páscoa. Francisca trabalhava para duas famílias e se desdobrava nos serviços gerais das casas entre segunda e sábado. Uma família morava em uma chácara nos arredores de Santo Amaro; a outra, na Bela Vista.

Às vezes, para ganhar um troco extra, levava trouxas de roupas para a pensão e as passava no domingo, com ferro a brasa. Era bem puxado. No entanto, quando Francisca olhava para seu pequeno Miguel correndo e brincando feliz, sorria e via quanto valia o sacrifício.

Ela só estava um pouco chateada com o comportamento de Antero. O marido, este sim, mudara o jeito de ser e de tratá-la desde que começara a trabalhar no bar do Joaquim.

No começo, Antero chegava mais tarde pretextando excesso de clientes bêbados que se recusavam a ir embora mesmo com a ameaça de o bar fechar as portas. Depois, passou a chegar mais alegre do que o costume, cheirando a cachaça. Antero desenvolvera gosto especial pela aguardente.

Um incidente no carnaval havia deixado Francisca com uma pulga imensa atrás da orelha. Ela havia encontrado uma mancha vermelha de batom no colarinho da camisa do marido. Foi tirar satisfações, mas Antero, entorpecido pela bebida, rebateu:

— Não te preocupes. Uma foliã mais afoita adentrou o bar e lançou-se contra mim.

— Achas mesmo que vou acreditar em ti?

Ele deu de ombros e retrucou:

— Perguntes, pois, a Joaquim. Ele vai te dizer a mesma coisa.

Enquanto passava roupa, Francisca ainda mastigava o incidente e bufava de ódio.

— Pensas que me engana, pá!

— Falando sozinha? — perguntou Alcina, entrando no barracão onde Francisca passava as roupas, nos fundos da pensão.

— Ora bem, estou a pensar!

— Nunca a vi tão nervosa.

— Antero está diferente, percebes?

— Não queria comentar. Tenho percebido, sim. Tem chegado bem tarde do bar, às vezes, trocando as pernas. Ele sempre foi de beber?

— Bebia um tiquinho. Bem pouco. Mas vou confessar-te — Francisca baixou o tom de voz: o pai dele era amigo dos copos. Irrecuperável.

— Pode ser hereditário.

— A falta de vergonha, sim.

— Francisca, seu marido pode ter herdado esse "defeito" do pai dele.

— Não acredito nisso. Podemos ter tendências e podemos superá-las. Se assim fosse, todo filho de assassino seria um matador.

— Pensando dessa forma...

— Antero está a botar as mangas de fora, como se diz por aqui.

Alcina não pôde deixar de rir. Francisca continuou:

— Ele fica lá no boteco, atrás do balcão, a servir bebida e a beber. Eu acordo de madrugada e trabalho até tarde todos os dias. Trago roupa para passar nos domingos. Não tenho descanso. Mal tenho tempo de brincar com meu filho. Não é justo.

— Por que não conversa com ele?

— De que adianta?

— Uma boa conversa sempre vale a pena. Vocês são jovens, estão casados há pouco tempo. Chegaram ao Brasil faz alguns meses. Ainda estão se adaptando aos modos, aos hábitos, à nossa cultura.

— Ele chega tarde, bêbado, joga-se na cama e já começa a roncar. Mal tenho tempo de colocar a conversa em dia.

Alcina pensou e sugeriu:

— Deixe as roupas. Arrume-se e vá até o bar.

— Não posso. Preciso terminar de passar esses lençóis. Fiquei de entregá-los amanhã, antes de começar a faxina na casa da patroa.

— Pode deixar. Eu mesma os passo. Iara está terminando o jantar e Mário ficará de olho nas crianças. Coloque um vestido bonito e vá encontrar seu marido. Ele não terá como escapar de uma boa conversa.

Francisca sorriu e logo fechou o rosto.

MARCELO CEZAR DITADO PELO ESPÍRITO MARCO AURÉLIO

— Não tenho roupa. Meus vestidos estão puídos. Estou a tentar economizar e esperar passar a Semana Santa. Escutei a filha da patroa comentar sobre a liquidação de verão.

— Sim. Estamos quase no meio do ano, os lojistas vendem os produtos com grande desconto. Podemos ir até a 25 de Março e comprar alguns metros de tecido. Iara tem mão boa para costura, poderá lhe fazer um belo vestido.

Francisca voltou a sorrir e os olhos marejaram.

— Não tenho como agradecer-te.

— Claro que tem. A nossa amizade, sincera.

Abraçaram-se e Francisca subiu até o quarto para se arrumar.

A noite já havia abraçado a cidade quando Francisca chegou ao bar do Joaquim. Era um boteco comum, encravado no meio do centro velho, próximo ao Largo da Sé. O local só se transformaria em Praça da Sé com a inauguração da catedral, ainda sem as torres, na festa de comemoração do Quarto Centenário da cidade.

Francisca sorriu e, ao aproximar-se do bar, estancou o passo. Não conseguia se mexer. O corpo paralisou. A cena a transformara em uma estátua de pedra.

Antero tinha acabado de servir dois rapazes sentados em uma mesinha na calçada do bar. Entrou e se dirigiu para o outro lado do caixa. Passava um pano de cor indefinida sobre o balcão quando uma morena de corpo bem-feito entrou no bar e o abraçou com volúpia. Beijaram-se como dois amantes.

Antero sorriu e beijou-a novamente. Os rapazes sentados na mesinha sentiram uma ponta de inveja do português. Era uma bela mulher.

44

Malvina era uma moça na casa dos vinte e poucos anos. Fora ela quem deixara a marca de batom no colarinho de Antero. Conheceram-se no carnaval. Foi amor à primeira vista. Para Antero. Não para Malvina.

Ela tinha nascido e sido criada na roça, numa cidadezinha próximo de São Manuel, no interior paulista. Filha de mãe solteira e cheia de irmãos, aos treze anos, cansada da enxada e da vida pobre, notando que os colonos da fazenda a olhavam de maneira "diferente", entregou-se ao capataz.

Depois da transa, aproveitando que o homem roncava e dormia a sono solto, Malvina arrancou da carteira dele todo o dinheiro disponível, fez uma trouxa com o pouco de roupa que tinha e pegou carona numa jardineira. Saltou em São Manuel. Envolveu-se com um homem casado, proprietário de pequeno sítio. Arrancou dele tudo o que pôde. Saiu dali e foi para Agudos. Fez o mesmo. Depois partiu para Lençóis Paulista e, aos vinte anos, deu o ar da graça em Botucatu. Conheceu Anacleto, viúvo que tinha pequena plantação de café.

Os filhos dele viviam em Belo Horizonte, longe dali. Quando o pai anunciou que tinha a intenção de se casar, foi um deus nos acuda. Mas Malvina, que sonhava ser atriz, fez direitinho o papel da moça recatada e de boa família. Aprendera o básico de etiqueta com um dos homens com quem vivera. E passou no teste. Até a filha de Anacleto, que sentia cheiro de vigarista a distância, aprovou o enlace.

Malvina jogou o último espartilho na mala e a fechou. Olhou para o homem deitado na cama e cuspiu no chão:

— Velho nojento. Asqueroso.

Anacleto, cabeça confusa, meio perdido, abriu um olho, tateou a cama, tentou mirar em direção de onde vinha a voz.

— Querida, não pode viajar. Agora que tive o derrame, vou precisar de sua ajuda.

— Que tenha outro derrame, inútil. Não nasci para cuidar de doente. Eu nasci para ser uma estrela.

— Não. Minha querida, é minha princesa. Vamos casar.

Ela gargalhou alto. Muito alto. Essa era uma marca dela.

— Acha mesmo que eu iria me sujeitar a casar-me com um velho porco como você?

Anacleto não respondeu. Estava confuso. O quarto girava. Tudo girava. Ela prosseguiu:

— Olha como sou boa: raspei todo o dinheiro da Caixa Econômica. Vendi os móveis e eletrodomésticos da casa. Não sabia que uma geladeira valia tanto. Mas, como disse, sou boa. Deixei o quarto mobiliado e o penico debaixo da cama para você fazer suas necessidades. É só esticar o braço e puxar. Simples.

— Fica, meu bem.

— Deus me livre! Eu já consegui o que queria. Quem sabe, agora, eu arrume outro idiota e logo esteja brilhando nas telas? Vou ser estrela da Atlântida! Vou contracenar com o Oscarito. Você vai ver — ela refletiu, olhou para Anacleto. — Não, você não vai ver. Vai morrer antes.

— Não me deixe aqui sozinho. Estou doente, preciso de cuidados.

— Está com o quarto mobiliado e o penico. Deixei frutas — apontou — sobre a cômoda.

— Não consigo andar.

— Rasteje, engatinhe. Sei lá — ela matutou, apanhou as frutas sobre a cômoda e as colocou ao lado do homem, sobre o travesseiro que era dela. Sorriu e acrescentou, em tom de confissão: — Não falei que sou boa? As frutas estão do lado. Não precisa se levantar.

— Mas eu estou com o lado do corpo paralisado. Não consigo me mexer.

— Ah, por favor, Anacleto. Quanto drama! Vire-se. Beijinho. Tchau.

E dessa forma, sem um pingo de caráter ou compaixão, Malvina deixou o pobre Anacleto ali abandonado; tomou um ônibus e foi para São Paulo, à procura de um "pato" que lhe desse condições de juntar um bom dinheiro para, futuramente, chegar ao Rio de Janeiro e se transformar numa estrela de cinema. Da Atlântida, é claro!

Foi num sábado de carnaval que Malvina chegou à capital paulista. Instalou-se numa pensão para moças na Rua Aurora e, no domingo, conheceu Antero. O português, para impressioná-la, aproveitando que Joaquim se ausentara por um tempo e deixara o negócio em suas mãos, disse, sem pestanejar, que era dono do bar. Malvina cresceu os olhos. Passou a tratar Antero como o homem mais especial da face da terra.

CAPÍTULO 7

Depois dos beijos, escandalosos para a época, cabe ressaltar, Malvina insinuou-se ao amante:
— Aproveite que o Joaquim, seu sócio, está viajando. Feche o bar mais cedo.
Antero apontou para os dois rapazes sentados ali na frente. Malvina sorriu, ajustou o sutiã. Serviu o amante com uma boa dose de cachaça. Antero bebeu de um gole só, estalou a língua no céu da boca e sorriu.
Ela se dirigiu aos rapazes com um ar triste:
— Lamento informá-los, contudo, acabo de receber a informação de que um parente nosso acaba de falecer. Teremos de fechar o bar mais cedo, por motivo de luto. Sinto muito.

A cena tinha direito a um lencinho que Malvina tirara da alça do sutiã e passara sobre uma lágrima inexistente no canto do olho.

Os rapazes, tocados, levantaram-se, pagaram a conta e ainda foram dar os pêsames a Antero. Saíram. Ele meneou a cabeça para os lados:

— És uma atriz de grande potencial!

— Já lhe disse, querido. Vou ser uma grande atriz. A grande Rubia. Em homenagem à Mara Rubia, de quem sou fã. E você vai ser meu empresário.

Antero enlaçou-a pela cintura e beijou-a várias vezes no pescoço, cabelos e rosto. Desceram a porta do bar e sabe--se lá o que fizeram. Bem, temos uma ideia do que os dois fizeram lá dentro...

Francisca via tudo escondida atrás de um poste de ferro. As lágrimas escorriam sem controle. Estava desesperada.

Tenho vontade de morrer, de matar-me. Tenho vontade de arrebentar aquelas portas e matar os dois. Mas e meu filho? Agora só penso em Miguel. É por ele que não cometerei nenhuma besteira!

Finalmente Francisca conseguiu mexer-se. Deu um passo, depois outro. Começou a andar sem rumo pelas ruelas do centro histórico da cidade, até chegar ao Mosteiro de São Bento. A igreja estava fechada. Mas foi ali que ela se lembrou de seus santos, de sua fé. Fez sincera prece a Nossa Senhora de Fátima.

— Dá-me forças para não cometer desatinos. Que eu consiga chegar a casa, sã, viva. Preciso concatenar as ideias, os pensamentos. Preciso ver o que fazer. Ajuda-me.

Sentiu um pouco de paz. Teseu, obviamente, estava próximo e a intuiu a não fazer nenhuma besteira e regressar à pensão. E assim Francisca fez, deixando Orion irritadíssimo.

— A lanterninha de Deus tinha de aparecer, né? — protestou, num tom jocoso, mirando Teseu com fúria.

— Pode falar no tom que quiser. Já vi que conseguiu envolver o Antero, mas não vai chegar perto de Francisca ou de Miguel. Eles estão envolvidos pela força do bem — afirmou Teseu, determinado.

— Blá-blá-blá — retrucou Orion. — Comecei com Antero. Não tem ideia do que Malvina vai fazer com ele e, consequentemente, com Francisca. Acha que não vai atingir o menino? Claro que vai.

— Olha aqui, secretário do inferno. Você não passa de um moleque de recados, louco para agradar ao chefe. Por que não se declara logo para o Minos? Diz logo que está a fim dele. Deixe a família em paz. Vá cuidar do seu emocional. Aceite o que é, o que sente.

Orion sentiu uma raiva tão intensa que seu corpo se transformou em brasa. Em instantes, sumiu.

Teseu mexeu a cabeça para os lados. Fez uma prece endereçada a Francisca e seu pequeno Miguel.

— Que a força do bem os envolva e eles não caiam em tentação. Assim seja.

❧

Alcina terminava de esquentar um pouco de leite numa caneca de ágata quando Francisca entrou na cozinha, olhos inchados e vermelhos de tanto chorar.

Antes de perguntar, Francisca correu e abraçou-se a ela com força.

— Ajuda-me, Alcina. Estou a ponto de matar-me!

— Calma, amiga. O que foi? — perguntou mais para acalmar Francisca, já intuindo o que acontecera.

— Eu peguei o Antero em flagrante. Ele está de caso com uma rapariga.

— Sente-se — puxou uma cadeira. — Vou lhe fazer um chá de cidreira.

Alcina apanhou algumas folhas de uma cesta sobre a mesa e as colocou em uma panela com água. Pôs para ferver.

— Eu vi com meus próprios olhos. Não foi invenção. Antero tem outra mulher.

— Eu bem que desconfiava.

— Eu sei. Não sou burra. Já havia me dado indiretas. Eu me fazia de boba. Não queria enxergar. Sabes por quê? — Alcina fez não com a cabeça e Francisca continuou: — Porque sabia que, se isso viesse a acontecer, não sou mulher de ficar quieta. Não sou de ficar calada. Ao mesmo tempo, o que fazer?

— Entendo. Não é fácil separar-se.

— É fácil. Eu me viro. Com a ajuda de Nossa Senhora de Fátima, sou capaz de tudo. Mas tenho medo por meu filho. Miguel é uma criança. Não gostaria de ver os dedos acusadores da sociedade apontados contra o rosto de meu filho. É uma criança.

— Sei disso, Francisca. Não gostaria de passar pela sua situação. Todavia, eu também tenho meu orgulho. Não me permitiria viver um casamento de mentiras.

— As mulheres vivem assim. São servis e muitas, até, apanham e ficam caladas. Aprendemos a respeitar e obedecer ao pai e, depois de casadas, ao marido. No entanto, depois dessa guerra sangrenta, em que milhões de vidas foram ceifadas e muitas de nós perderam pais, irmãos, maridos e filhos nos confrontos, mudamos a maneira de nos perceber na sociedade.

— Entendo. Há um cheiro de renovação dos valores que está no ar — Alcina elevou o braço para o alto e fez um gesto com a mão — e não devemos mais permitir que sejamos humilhadas ou desrespeitadas.

— Quero ter uma conversa séria com Antero. Ele precisará tomar uma decisão. Ou ela, ou eu.

— Tem razão. Saiba que estou do seu lado. Conte comigo e com Mário para o que precisar.

— Muito obrigada.

Continuaram a conversa por mais algum tempo. Antero não apareceu. Entristecida, Francisca despediu-se e foi para seu quarto. Trocou de roupa e deitou-se ao lado do filho, que dormia placidamente. Encaixou seu corpo junto ao de Miguel, fez uma prece e adormeceu.

Passava das dez da manhã quando Antero deu as caras na pensão. Francisca já havia saído desde cedo e Miguel brincava no quintal com Glorinha. Alcina o encarou de cima a baixo. Com a mão na cintura e olhos injetados de fúria, disparou:

— Como se atreve a passar a noite fora? Não tem vergonha nessa cara?

— Não te devo satisfações — foi logo dizendo — e, além do mais, pago em dia pela minha morada, não?

— Francisca é minha amiga. Não é justo o que está fazendo com ela. Vocês têm um filho pequeno. Não pensa em Miguel?

Antero foi direto:

— Não. Ele é miúdo, criança como dizem aqui, não vai sentir os efeitos da separação.

Alcina arregalou os olhos, surpresa:

— Separação?!

— Isso mesmo. Decidi que quero separar-me de Francisca. Estou apaixonado pela Malvina.

— Nem naturalizado brasileiro você é. Não pode se separar.

— Legalmente, não. Mas estou pouco me importando com papéis ou burocracia. Vou para o Rio de Janeiro com meu novo amor. Não queremos nos casar na igreja. Queremos viver juntos. Isso me basta, pá!

— É muita sem-vergonhice — Alcina estava irritadíssima. — Você pode fazer o que bem entender. É homem, vai se amancebar com uma vagabunda...

— Alto lá! Não permito que fale assim de minha menina.

— Sei, sei. Olha, eu só não meto a mão na tua cara porque não vou me sujar. Você não passa de lixo, Antero. Um monte de lixo. Arrume suas coisas e saia imediatamente daqui.

Ele deu de ombros.

— Primeiro vou à casa de banho. Preciso fazer a barba, me arrumar. Eu paguei o mês, tenho direito de usar. Só não sei se Francisca vai ter como pagar para viver aqui.

— Isso não é mais da sua conta. Vá logo ao banheiro, ajeite suas coisas e suma. Tem quinze minutos.

Ele se aproximou e indagou:

— Ou?

— Vou atrás de Mário, chamo a polícia, faço um escarcéu. Eu me transformo numa louca varrida. Sou capaz de pegar uma panela com água quente e jogar sobre você!

Alcina falou de maneira tão enérgica e voz tão firme que Antero recuou o passo e, assustado, foi cuidar de sair de lá o mais rápido possível.

Quando estava de saída, ela questionou, a contragosto:

— Não vai se despedir do seu filho?

Ele deu um sorriso amarelo. Foi até o quintal. Miguel brincava com Glorinha e, ao vê-lo, correu com os bracinhos abertos.

— Papai!

Antero sorriu, abaixou-se e também abriu os braços.

— Papai vai viajar e ficar fora uns tempos.

— Tá — foi a resposta inocente.

Antero o beijou na testa, levantou-se, apanhou a mala e partiu. Alcina meneava a cabeça para os lados, inconformada. Iara, que estava na cozinha preparando o almoço, escutara parte da conversa. Esperou Antero sair e veio até a patroa:

— Seu Antero foi mesmo embora?

— Foi. O desgraçado envolveu-se com uma vagabunda e deixou a mulher e o filho. Acredita nisso?

Iara fez sim com a cabeça.

— Acredito. Já vi coisa pior. Mas vai ver que essa mulher gosta mesmo dele.

— Por que diz isso?

— Ora, dona Alcina. Seu Antero não é um príncipe. É um homem bem-apessoado, comum. Não tem dinheiro. Se a moça quer ficar com ele, é porque gosta. Qual outro motivo ela teria?

Alcina ficou matutando, pensativa:

É mesmo. Qual outro motivo essa lambisgoia teria para destruir um casamento?

Por mais que pensasse, Alcina não encontrava resposta plausível. Todavia, saberemos o porquê dessa paixão súbita de Malvina por Antero.

CAPÍTULO 8

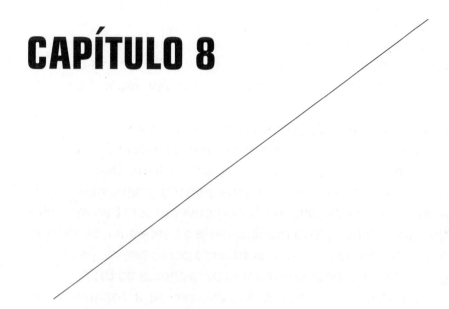

Antero saiu da pensão para não mais voltar. Estava se sentindo aliviado, jovem outra vez, livre! Queria gritar ao mundo o seu amor.

Quando conhecera Francisca, eram dois adolescentes, filhos de famílias amigas. Não foi uma história de paixão, de conquista. Eles engataram namoro porque as famílias assim o quiseram. Foi por falta de opção.

Depois de cinco anos de namoro, casaram-se e foram viver nos fundos da casa dos pais de Francisca. Era uma quinta, uma espécie de chácara. Embora não participasse da guerra, o país sofreu com a escassez de alimentos, inflação alta, greves. A vida do casal não foi nada fácil e, quando menos esperavam, Francisca descobriu-se grávida.

Antero não ficou muito contente com a gravidez. Se estava difícil tentar alimentar duas bocas, imagine três.

Certo dia, ao levar o sogro para entregar uma encomenda em Lisboa, conheceu uma viúva, Eugénia. Antero tornou-se amante da viúva e planejava arrancar uma boa soma em dinheiro da velha. Nesse meio-tempo, engravidou uma moça da redondeza.

Uma das sobrinhas de Eugénia percebeu a alegria esfuziante da tia e passou a ficar de olho. Descobriu o envolvimento de Antero com a tia e foi tirar satisfações. Logo na sequência, a moça que Antero engravidara veio cobrar-lhe responsabilidade pela criança que estava para nascer.

Ele não teve tempo de arquitetar um plano B. Eram dois problemões dos quais desejava se ver livre. Disse à moça que a encontraria dentro de uma semana, com dinheiro para ajudá-la na gestação. Teve uma conversa com Eugênia, alegou que o filho estava muito doente e conseguiu, ao menos, arrancar da viúva dinheiro suficiente para comprar as passagens e ter uma pequena reserva para chegar ao Brasil.

Já acalentava planos de associar-se a Joaquim e, se possível, comprar o bar do amigo português. Depois que conhecera Malvina, a vontade de ter o bar para si tornou-se prioridade.

Além de tudo, Antero acreditara que Malvina fosse filha de fazendeiros e estivesse na capital a passeio, visitando uma tia doente.

— Tirei a sorte grande. Conhecer Malvina foi um milagre de Deus! Vou manipulá-la para passar todo o dinheiro da tia para uma conta em meu nome, é claro. Sou um homem de sorte! Eu amo o Brasil.

O pobre coitado tinha a certeza de que a sem-caráter era ingênua e rica. Malvina, por sua vez, acreditava que Antero fosse dono do bar...

Todavia, enquanto ele traçava planos mirabolantes para o futuro, Malvina ficava atrás do balcão, atendendo aos clientes, já se sentindo dona do botequim.

Até que um homem de terno e gravata, muito bem-vestido, entrou no bar, tirou o chapéu e a cumprimentou:

— Bom dia. Gostaria de falar com o proprietário, por favor.

Ela sorriu faceira e redarguiu:

— Antero não vai demorar para chegar. Quer se sentar e beber alguma coisa enquanto o aguarda? É por conta da casa.

O rapaz sorriu e agradeceu.

— Obrigado, moça. Aceito um guaraná.

Ela fez uma careta que ele não percebeu.

Guaraná. O homem entra num bar e pede guaraná! Deve ser fresco. Só pode ser.

Contudo, respondeu:

— Saindo um guaraná geladinho!

Ela abriu a garrafa, despejou o líquido no copo e o serviu. O rapaz bebeu e retificou:

— O proprietário não se chama Antero — ele abriu a pasta que estava sob o braço e leu em voz alta: — Joaquim. Joaquim Pereira. Nome bem português.

— Tem certeza?

— É o que consta neste documento da Prefeitura. Por quê?

— Pensei que fosse Antero. Não há outro sócio com esse nome?

— Não. Este bar está registrado no nome de um único dono. Senhor Joaquim Pereira.

Malvina fez um "hummm" longo e suspirou de maneira profunda. Depois de murmurar alguns palavrões, pensou:

O desgraçado do Antero está querendo me enganar! E eu me achando a mulher mais esperta do planeta. Ah, mas eu vou dar uma volta completa nesse português de uma figa. Ele vai ver só.

O rapaz terminou de beber o guaraná, olhou para o relógio no pulso e falou:

— Bom, se o seu Joaquim não está, precisarei vir outro dia.

— Ele vai chegar de viagem depois de amanhã — mentiu.

— Não é nada urgente. Apenas burocracia. Eu passarei numa outra hora qualquer — o moço sorriu e se despediu fazendo uma mesura: — Muito obrigado pelo guaraná, dona...

— Senhorita. Malvina. Às ordens!

— Desculpe. Senhorita. Obrigado. Adeus.

— Adeus — ela fez um tchauzinho e, quando o rapaz dobrou o largo, Malvina bateu com o pano sobre o balcão: — Maldito Antero. Eu vou acabar com a sua raça. Antes, porém, vou descobrir quem é esse Joaquim.

Orion entrou na gruta e os sentinelas levantaram a mão em sinal de deferência. Ele mal os cumprimentou. Estava excitado. Precisava contar a boa-nova para Minos.

Entrou na sala do chefe. Minos estava de costas e Orion não pôde deixar de sentir um estremecimento de prazer ao vê-lo.

— Mestre!

Minos virou-se e o encarou:

— Sabia que logo voltaria com boas notícias.

— Como sabe?

— Eu sou ótimo leitor de mentes. De encarnados ou desencarnados. Desde que adentrou nossa dimensão e começou a se aproximar do forte, pressenti que obtivera sucesso.

Orion estufou o peito. Sentia-se vitorioso:

— Fiz tudo para agradá-lo, Minos.

— Sei, sei — ele o cortou e quis saber: — O que já aconteceu com a família?

— O pai já se separou da mãe e do menino. Foi embora.

— Não volta?

— De jeito nenhum. Envolveu-se com uma mulher de má índole. Escolheu o caminho da dor e do sofrimento.

— Isso é bom. Talvez possamos trazê-lo para o nosso lado.

— Sim. Talvez.

— E como está a mãe do menino?

— Ainda não pude me aproximar.

— Como não? — Minos deu um soco na mesa. Orion estremeceu e ele continuou, esboçando um sorriso amargo: — Já sei. Teseu.

— Ele mesmo. O vaga-lume de Deus. Está protegendo a mãe e o menino. E, como ela reza de hora em hora, bem, eu não consigo me aproximar.

— Esse caga-fogo está começando a me tirar do sério, Orion. Precisamos somar esforços, juntar forças.

— Nosso exército não pode com eles. O menino está totalmente protegido. E tem mais...

Os olhos de Minos tornaram-se vermelhos.

— O quê?

— A mãe é amiga daquela bruxa...

— Quem? Não me esconda nada, Orion! Diga!

— Estão vivendo na casa daquela que um dia foi Agnes, a bruxa de Essex.

Minos gargalhou alto.

— Não pode ser! Eu mandei essa mulher para a forca. Foi um dos meus últimos feitos na Terra.

— Ela teve algumas encarnações depois de ter vivido como Agnes. Agora vive no mundo como Alcina. A filha, Glorinha, também era filha dela naquele tempo. Outra bruxa.

— Se as matamos no passado, podemos tirá-las de cena agora. Não vejo como poderão nos impedir de atacar o menino.

— Tem um detalhe. Alcina é muito amiga de outra bruxa. Mais poderosa. É ela quem dita as regras, vê, fala, conversa com espíritos. Essa chega a me dar medo.

— Encarnado dando medo na gente? Que inversão de papéis, Orion! Nós é que deixamos os encarnados se borrarem de medo!

— Descobri quem é a velha. Agora está no mundo como Carmela.

— E daí? Faz a velha escorregar na rua, tropeçar num degrau e vir para o lado de cá. Eu a coloco ao lado de Ariane, em outra caixa de vidro.

— Impossível. A velha é a bruxa de Lynn.

Minos arregalou os olhos e deu um passo para trás.

— Tem certeza?!

— Sim, mestre. Bessie voltou. E parece que vai fazer parte da vida do menino.

Minos teve um acesso de fúria. Começou a quebrar tudo o que via pela frente. Orion pegou um chicote com pontas de metal que estava atrás da porta.

— Extravase sua fúria sobre mim, mestre. Eu mereço sofrer.

Minos não pensou duas vezes. Agarrou o chicote e nem esperou Orion levantar as vestes. Açoitou-o com ódio uma, duas, várias vezes até que a pele das costas se rasgou e o sangue começou a se esvair e empapar a camisa.

Quanto mais Minos o castigava, mais Orion se comovia com a entrega absoluta à fé e ao sentido do seu sacrifício ao grande mestre.

CAPÍTULO 9

Francisca chegou tarde à pensão. Os poucos hóspedes já haviam se recolhido. As crianças também dormiam. Alcina e Mário a esperavam na sala de estar comum aos moradores.

Assim que entrou, ela sentiu um aperto no peito e pensou no filho.

— Miguel!

— Ele está ótimo — exclamou Alcina. — Dorme no quarto com Glorinha. Hoje ficaram juntos o dia todo.

— Preferimos que dormissem juntos esta noite — emendou Mário. — Precisamos conversar.

Alcina começou a falar. Contou tudo, desde a chegada de Antero, a conversa áspera que tiveram, a discussão, a partida dele. Francisca escutava tudo sem mover um músculo. Impassível.

Mário trocou um olhar significativo com a esposa.

— Você está bem?

— Estou. Ele fez a escolha dele. Pensa que vou correr e implorar para que volte para nós? Não. Foi capaz de abandonar o filho. Não é homem para criar Miguel.

— Tem razão — concordou Alcina.

Mário a repreendeu.

— Alcina! Vai colocar mais lenha na fogueira?

— Por acaso estou falando algo impróprio, que não deveria? — ele baixou a cabeça, não respondeu. Alcina prosseguiu: — Antero não presta. Deixou-se levar por essa sem-vergonhice brasileira. Encantou-se pela primeira vagabunda que viu. Deu no que deu.

— Não estou preocupada com isso — devolveu Francisca. — Antero ajudava no pagamento da pensão. Sozinha, não tenho como pagar a estadia.

— Nem se preocupe com isso — interveio Mário. — É por isso que estou aqui. Eu e Alcina decidimos que, por ora, você não vai nos pagar nada.

Francisca levantou o sobrolho.

— Como não?

— Não vai — ajuntou Alcina. — Vai morar aqui como se fosse uma parenta. Muito querida, por sinal.

Francisca emocionou-se.

— Estou há pouco tempo no país. Não conheço muita gente, estou a trabalhar duro. Apenas quero criar meu filho, desejo que ele estude e se torne um homem de bem.

— Estamos aqui para ajudá-la nesse intento. Por isso estamos lhe oferecendo viver na pensão. De graça.

— Preciso contribuir de alguma maneira.

— Trabalha a semana inteira — explicou Alcina. — De segunda a sábado. Aos domingos, traz roupas para passar. A sua contribuição será manter-se nossa amiga, por toda a vida.

Ela não conteve o pranto e os abraçou, profundamente enternecida.

— Prometo que serei uma boa e fiel amiga. Contem sempre comigo. Deus os abençoe, sempre!

Uma energia agradável invadiu o ambiente, causando bem-estar nos três. Teseu, num canto da sala, suspirou feliz. Antes de voltar para sua cidade espiritual, disse, com emoção:

— Tudo está bem. Assim é.

Joaquim precisou resolver um problema de entrega de bebidas com um fornecedor em Campinas. Teria de se ausentar por uns dias. Desde que ficara viúvo não tirava um fim de semana de descanso. Aproveitou a época de carnaval e esticou o feriadão para descansar um pouco. Deixou o bar nas mãos de Antero. Confiava no compadre. Afinal, mesmo dando uns tragos durante o serviço, Antero se mostrava um bom funcionário.

Viúvo e sem filhos, Joaquim era proprietário do imóvel que abrigava o bar, no andar térreo, e um apartamento no andar de cima, composto de sala, quarto, cozinha, banheiro e pequena área externa. Nela, Joaquim mantinha um papagaio. O bicho era manso e passava o dia imitando vozes. Se alguém falasse duas vezes a mesma coisa, o papagaio repetia. Era uma graça.

Naqueles tempos, era comum as pessoas terem pássaros ou aves exóticas em suas casas. Não havia controle ambiental, órgão de defesa ou proteção aos animais. Todavia, Joaquim cuidava com muito carinho do Mané. Um forte laço afetivo os unia. O papagaio fora presente da companheira, morta havia mais de dez anos.

Antero aproveitou-se da ausência de Joaquim para usar o apartamento e dormir agarradinho com Malvina. Na primeira vez que ela viu o papagaio, deu um grito. Mané deu outro.

— Que bicho é esse?

— Um papagaio — respondeu Antero.

— Eu sei, mas vive assim, solto? Não bica? Não avança nas pessoas?

— Só se for maltratado.

— Sei.

A convivência foi pacífica. Malvina descobriu que o papagaio adorava frutas e música. Já sabendo que Antero não era o dono do bar, planejava uma maneira de dar-lhe o devido troco. Contudo, iria agir de maneira natural, como se não soubesse de nada.

— Melhor atuar. Deixa eu trazer a atriz para fora. Não posso botar tudo a perder.

E assim fez. Depois que o rapaz da Prefeitura saiu, ela continuou a atender os fregueses como se nada tivesse acontecido. Antero veio com a mala, subiu pela lateral do bar sem que ela o visse. Em seguida, desceu e entrou no estabelecimento com os braços abertos, todo amoroso.

— Saudades. Como está o atendimento?

— Tudo ótimo, querido. E com você?

— Também.

Ela sorriu e fingiu ter de subir para usar o banheiro. O dia passou rápido. Depois que escureceu e deu oito horas, Antero atendeu o último cliente, desceu as portas do bar e subiu.

Malvina estava nua, cozinhando e cantarolando:

— Chiquita bacana lá da Martinica, se veste com uma casca de banana nanica...

— Meu Deus! O que é isso!

— Meu amor, eu estava aqui lembrando quando nos conhecemos. Lembra da marchinha de carnaval que cantavam na rua? Era essa. Eu lhe falei. *Chiquita bacana*. Emilinha Borba.

— Sim, pois. Mas por que nua?

— Para agradá-lo. Saciá-lo. Deixá-lo mais louco de amor por mim!

Antero sentiu um calor tomar conta do corpo. Tomou-a nos braços e a amou ali mesmo, deitados no chão da cozinha.

Depois de inebriado e tonto de prazer, acendeu um cigarro e indagou, enquanto lançava a fumaça para o alto:

— Sabes que te amo?

Ela fez que não ouviu e lançou nova pergunta:

— E seu sócio?

— Que tem ele?

— Ouvi dizer que está viajando. Volta quando?

— Não sei ao certo — Antero desconversou e emendou: — Não quero desgrudar-me de ti. Nunca mais. Descobri que a amo!

Ela fez uma careta que Antero não percebeu. Apanhou o cigarro dos dedos dele, tragou e, ao soltar a fumaça, sorriu e disse:

— Eu também te amo — a voz soou fria, mas Antero, ainda anestesiado pelo prazer, não notou. Malvina quis saber: — Largou a esposa. E como fica o bar?

— Como assim? Não entendi.

— Era casado. O bar deve ser dos dois. Ela não vai querer a parte dela?

Antero não havia pensado nisso. Foi rápido:

— Ela não vai se importar em me passar a parte dela. Eu a deixo com o menino. E ela me dá o bar. Uma bela troca.

— Não ama seu filho?

Antero olhou para o teto, pensativo.

— Gosto. Quero que saibas que nunca amei minha esposa. Não tencionava ter filhos. Foi ela quem forçou.

Malvina tinha vontade de apagar o cigarro no braço dele, tamanha era a raiva.

Desaforado. Mente sem ficar com o rosto vermelho. Mas eu vou me aproximar do Joaquim assim que ele botar os pés nesta espelunca. Vou seduzi-lo. Depois, quando tiver a certeza de que o compadre vai comer na minha mão, eu chuto esse português que não tem onde cair morto. Ah, se chuto...

— Não vamos pensar nisso agora — ela olhou para o relógio dele sobre a pia. — Minha tia vai ficar preocupada se chegar tarde outra vez.

— Gostaria que dormisse comigo.

— Também adoraria, mas não posso. Sou moça de família, sabe disso. O meu bom comportamento vai me render generosa herança lá na frente.

Antero sorriu, olhos brilhantes de cobiça. Assim que Malvina se vestiu e deixou o assobradado, ele encarou o papagaio e falou:

— Mané, a sorte está virando a meu favor. Vou ser um homem rico. Muito rico!

O papagaio repetiu:

— Rico! Rico!

CAPÍTULO 10

Passado algum tempo, Francisca estava conformada, se assim podemos dizer, à nova conjuntura. A aflição seguia apenas em relação à sua situação matrimonial. Estava casada, separada ou divorciada de Antero?

Era portuguesa, precisava regularizar sua situação no país. Certa noite, depois do jantar, Mário a tranquilizou:

— Conversei com um cliente meu, advogado, gente boa. Ele me informou que, de acordo com a Constituição vigente, são exigidas dos portugueses apenas residência no país por um ano ininterrupto, idoneidade moral e sanidade física. Faz um ano que vive aqui, é uma mulher de moral irrepreensível e em pleno juízo de suas faculdades mentais. A cidadania brasileira não lhe será problema.

— Ainda sou casada. Antero não mais me procurou para resolver nossa situação. Poderíamos nos tornar cidadãos brasileiros e, posteriormente, entrar com os papéis da separação.

— É uma boa saída — ajuntou Alcina. — Todavia, onde está o cachaceiro?

Mário a repreendeu:

— Alcina!

Ela meteu as mãos na cintura, num gesto engraçado.

— Eu, hein? Aquele homem é um irresponsável, folgado. Mandou o casamento às favas, largou mulher e filho por conta de um rabo de saia e bebida. Quer que eu tenha piedade dele?

— Não é isso, mas falar assim, na frente de Francisca...

— Não me importo — retrucou a portuguesa. — Cada dia que passa, mais percebo o quanto Antero não vale nada. Estou a dar duro para juntar um dinheirinho e poder comprar tecidos para confeccionar roupas bonitas para meu filho, comprar-lhe sapatos novos, brinquedos. Logo Miguel estará na idade de frequentar a escola. Não quero que passe necessidade.

— Não vai passar — assegurou Alcina. — Estamos aqui para ajudá-la.

— Eu gosto muito do seu filho — comentou Mário, com uma ponta de emoção na voz. — Gostaria que me desse a liberdade de estar mais próximo dele. Ele precisa de uma figura paterna. Sei que não sente falta de Antero, mas a figura masculina é importante para seu crescimento. Se me permitir...

— Pois é claro! — Francisca sorriu contente. — O que mais quero é que meu menino cresça ao lado de pessoas que lhe transmitam bons valores, carinho, amor. Apenas isso.

Mário sorriu e tomou a mão dela em gesto de agradecimento. Alcina levantou-se da cadeira e, enquanto pegava o bule para ferver água e preparar o café, avisou:

— Carmela quer conversar com você sobre um assunto que vai agradá-la sobremaneira.

— Ela adiantou alguma coisa?

— Não. Convidou-nos para irmos à casa dela no próximo domingo. Portanto, nada de roupas para passar.

— Mas são as roupas que me garantem um dinheiro extra. Eu vou à feira, compro frutas e verduras para vocês. É uma maneira humilde de contribuir. Vocês não me deixam pagar nada!

— Até acertar sua vida — emendou Mário. — Logo as crianças vão para a escola, eu também quero trocar de carro. Um modelo novo atrai novos clientes. Tudo vai melhorar. Você vai ver.

— Tenho certeza disso — concordou Francisca.

Dali a uma semana, no domingo, logo após o almoço, Alcina e Francisca chegaram à casa de Carmela. Tocaram a campainha e a própria Carmela as atendeu.

— Que surpresa! — exclamou Alcina depois dos cumprimentos. — Onde está Ofélia, sua faz-tudo?

— Pois é — Carmela as convidou a entrar e, depois de fechar o portão, contou: — Ofélia não está mais comigo — antes de Alcina perguntar, surpresa, Carmela acrescentou: — Depois falarei sobre isso.

Em seguida, ela as conduziu pelo jardim até o caramanchão nos fundos da casa, repleto de rosas trepadeiras, cujos cachos exalavam delicado perfume. Sob aquele canto que convidava à paz e meditação, havia uma mesa redonda, esculpida em madeira, e algumas cadeiras almofadadas com motivos florais.

Carmela encostou a porta da saleta, ali ao lado, e voltou. Fez sinal para que elas se acomodassem nas cadeiras. Sobre a mesa havia uma bandeja com uma jarra de chá e copos. Havia também uma travessa com bolo.

— Está uma tarde quente. Fiz um chá gelado e um bolinho de laranja para acompanhar.

— Quanta gentileza! — admirou-se Francisca.

— Viemos para conversar, não para comer — frisou Alcina.

— É a tarde das meninas — anunciou alegremente Carmela, enquanto as servia.

— A casa é magnífica. Uma construção belíssima, antiga, mas muito bem cuidada — observou Francisca.

— Quando me casei com Bartolomeu, ele construiu este sobrado para nós. Fez tudo do nosso gosto. Eu amo esta casa.

— Gostaria de saber mais sobre vossa vida — pediu Francisca.

— Também sei pouco — ajuntou Alcina. — Quer dizer, não quero ser indelicada e bisbilhoteira.

— De modo algum. Sou um livro aberto — Carmela espremeu os olhinhos pretos num gesto gracioso.

— Como vocês duas se conheceram? — quis saber Francisca.

— Quando Glorinha nasceu, ela tinha muitas cólicas, dores e não havia quem resolvesse seu problema. Mário estava trabalhando e pegou Carmela como passageira para levá-la para casa. Conversaram no trajeto e ele falou das cólicas de nossa filhinha. Carmela indicou um médico que curou nosso bebê.

— O médico — salientou Carmela — é adepto do espiritualismo. Cuida não só do corpo, mas também da alma. Foi o que curou Glorinha. O problema dela não era só físico.

Francisca apenas mexia a cabeça para cima e para baixo. Era muita novidade, além do mais, estava ali porque Carmela desejava conversar com ela. Preferia apenas escutar e beber seu chá.

— Desde então, tornamo-nos amigos — prosseguiu Carmela. — Todavia, deixe lhes contar um pouco sobre meu passado.

As duas deixaram copos e pratinhos sobre a mesa e voltaram a atenção para Carmela. Olhando ora para uma, ora para outra, começou seu breve relato:

— Meus pais morreram num naufrágio, quando eu tinha doze anos de idade. Eu era filha única e ficara na casa de minha madrinha, muito idosa, e meus parentes moravam em outro estado. Minha madrinha não tinha condições de me educar e decidiu que eu deveria ingressar num internato. Foi ali que conheci a professora Anália Franco. Nossa amizade foi instantânea. Era como se fosse minha mãe. Sofrera enorme preconceito por tomar iniciativas como criar escolas maternais por várias cidades no interior do estado. Além disso, não via distinção entre crianças brancas e negras. Imagine. Mulher, independente, que não via distinção entre crianças brancas e negras. Foi perseguida, achincalhada, causou certo mal-estar em grande parte da sociedade, pois estou falando de um período anterior à abolição da escravidão.

— Meu Deus! Que coragem! — exclamou Alcina.

— Sim. Muito corajosa. Depois da escravidão, já morando na capital, ignorando as críticas e os comentários maledicentes, criou escolas para crianças carentes, asilos para órfãos, colônias de regeneração para mulheres, albergues. Deixou um grande legado. Tornou-se espírita e me passou alguns ensinamentos de sua doutrina. Foi por meio dela que entendi melhor os desígnios da vida e pude entender e aceitar a morte de meus pais. Aliás, passei a ver a morte com outros olhos, como parte de um processo natural da vida, um caminho de evolução do nosso ser.

— E onde está essa mulher tão fantástica? — perguntou Francisca, interessada.

— Infelizmente, Anália contraiu a gripe espanhola e veio a falecer em seguida. Naquela época, eu já conhecia o Bartolomeu. Estava com dezenove anos. Casamos e eu procurei pautar minha vida nos princípios dessa mulher fantástica. Quinze anos depois de casados, Bartolomeu teve uma parada cardíaca. Deixou-me muitas propriedades.

— Por isso trabalha todos os dias, envolvida no exercício de promoção humana, com suas escolas, orfanatos, asilos...

— Isso mesmo, Alcina. Vivi ao lado de pessoas extraordinárias e tenho recursos necessários para me manter. Além dos imóveis e fazendas, Bartolomeu deixou um bom dinheiro no banco. Não preciso de muito para viver.

— Poderia ter motorista, empregados...

Carmela cortou Alcina com delicadeza.

— Não. Não nasci para viver dessa forma. O dinheiro me proporciona conforto, me dá condições de me vestir e comer bem, manter uma boa casa, ter saúde, me presentear com pequenos mimos de vez em quando. Eu não necessito de motorista. Vou aos galpões de bonde, de táxi.

Francisca sentiu uma vontade imensa de abraçar aquela mulher. Nunca vira uma pessoa digna, com gestos elegantes, delicados e, ao mesmo tempo, portando-se de maneira tão simples e despojada.

— És uma mulher ímpar. Sinto-me orgulhosa de conhecer-te.

— O que importa é o que faço. E com amor. Por falar nisso, soube que seu marido a abandonou.

Francisca baixou a cabeça, envergonhada. Carmela tocou delicadamente no queixo da moça, levantando-o.

— Não sinta vergonha. Foi ele quem partiu. Foi você quem teve de dar duro, trabalhar para continuar a providenciar vida digna a você e seu filho. Tenha orgulho. Mantenha a cabeça erguida!

— Eu tento, mas me preocupo com meu menino. A sociedade não perdoa. Logo serei uma mulher desquitada.

— E daí? É honesta, digna, boa mãe. O que importa é seu caráter. O resto são comentários bobos. Não ligue para o que os outros dizem sobre você. Importa é o que você sente em relação a si mesma — Francisca fez um ar de interrogação e Carmela prosseguiu: — Vou ajudá-la a construir uma barreira positiva para evitar que os comentários negativos das pessoas a atinjam. Todavia, não a chamei aqui para conversar sobre seu marido ou o que as pessoas dizem a seu respeito. Quero falar de você.

Francisca sentiu um calor pelo corpo e uma onda de contentamento a invadiu.

— De mim?

— É. Sei que está vivendo na pensão. Além do mais, trabalha na casa de duas famílias, revezando-se durante a semana. Mal tem tempo para cuidar de seu filho.

— Eu gostaria muito de ficar com Miguel, mas preciso trabalhar, dona Carmela.

— Dona, não.

Francisca riu.

— Certo. Carmela.

— A Ofélia pediu para ser dispensada. Era uma ótima funcionária, mas chegou uma carta da mãe. Está muito doente. Ela partiu antes de ontem. Não vai mais voltar.

— Gostava dela — comentou Alcina.

— Eu também — replicou Carmela. — No entanto, a partida de Ofélia me fez pensar. Eu atendo às crianças de segunda a sábado. Tiro o domingo para descansar, fazer cálculos, planilhas dos gastos, estudar a possibilidade de aumentar os atendimentos. Ainda bem que tenho pessoas de confiança que me ajudam. Por tudo isso, eu preciso de alguém que cuide da minha casa, das minhas roupas, da comida. Saio muito cedo e retorno tarde a casa.

— Ofélia era seu braço direito — Alcina estava desolada. De repente, ela arregalou os olhos. Olhou para Carmela e dela passou para Francisca: — Agora sei por que nos convidou!

— Isso mesmo. Adivinhou!

Francisca nada entendeu.

— Estou a ver navios.

Carmela pegou nas mãos de Francisca:

— Quero lhe fazer uma proposta. Gostaria de trabalhar para mim?

— Para... para...

— É. Trabalhar para mim. Cuidar desta casa. É grande, mas você poderá cuidar dela de segunda a sábado, trabalhando poucas horas por dia. Dessa forma, terá mais tempo para passar junto de seu filho. Apesar de que, logo, ele irá para a escola. Este é o salário que vou lhe pagar — Carmela anotou num papel e o mostrou para Francisca.

Ela mal acreditou no que viu.

— É esse valor mesmo? Por mês?

— Está bom? É justo?

— Mais que justo. Dessa forma, eu posso pagar a pensão. Posso até procurar uma casinha para mim e...

— Eu tenho um imóvel pequeno, uma casinha térrea, de dois quartos, não muito longe daqui. É perto da pensão. O inquilino vai entregar a casa no mês que vem. Se quiser, poderá se mudar para lá.

— O aluguel é muito caro?

— Eu lhe farei um preço especial. Pode ficar sossegada. O importante é você ter condições de educar seu filho, trabalhar com satisfação e ter uma moradia que lhe agrade.

Francisca não se conteve e abraçou Carmela. Alcina as encarou com olhos marejados.

Tudo está dando certo. Fico feliz.

CAPÍTULO 11

Começava para Francisca uma nova fase que mudaria completamente a sua vida e, por consequência, a do pequeno Miguel. A princípio, ele não queria deixar a pensão.

— Quero ficar com Glorinha — repetia.

— Vai vê-la bastante. Quando eu for trabalhar, ficará aqui na pensão. Eu passarei depois do trabalho e iremos juntos para dormir na nossa casinha. No dia seguinte, mamãe vai trabalhar e você volta para a pensão.

— Ah, tá. Então eu vou.

Todos acharam graça. Carmela havia contatado os trabalhadores e voluntários de suas instituições para ajudar em doações com o objetivo de mobiliar a casa de Francisca. Como se tratava de uma casa pequena, em menos de quinze dias já contava com os dois quartos mobiliados, a sala de estar com sofá e duas poltronas, a cozinha com mesa, quatro cadeiras, um fogão e uma geladeira que Francisca pagaria em prestações.

Mário e Alcina doaram algumas roupas de cama e banho da pensão. Os utensílios de cozinha também foram doados. Um cliente de Mário presenteou Francisca com um rádio.

A casa ficou uma graça. No jardinzinho que ficava na entrada, Francisca plantou antúrios vermelhos. Ela olhou para as plantas, depois para a casa. Exalou profundo suspiro de contentamento.

Agora posso dizer que estou feliz. A vida sorriu para mim.

Orion estava na calçada e a observava. Fulo da vida.

— A portuguesa bigoduda pensa que vai conseguir criar esse fedelho no bem-bom? Eu afastei o marido para desestruturar a família, mas parece que as coisas estão melhorando para ela e o rebento. Não posso deixar Minos saber disso. Preciso tomar providências. Vou atrás do Antero.

Orion nem terminou de vociferar e sumiu.

Num átimo de segundo, Orion se deslocara para a porta do bar. Antero atendia aos clientes por trás do balcão. Joaquim o olhava de esguelha. Estava irritadíssimo.

— Por que Joaquim está irritado? — indagou Orion para si. — Deixe-me perscrutar sua mente.

Ele fechou os olhos e concentrou-se em Joaquim. As cenas vieram claras, cristalinas, como água fresca de bica.

Joaquim tinha chegado de viagem e não gostou de ver sua casa desarrumada. Era um homem metódico, gostava de tudo no lugar, de manter tudo organizado.

Antero tivera o desplante de deixar tudo fora do lugar, a mesa com restos de comida, a pia entupida de talheres, pratos e copos sujos. Nem foi gentil a ponto de limpar o cantinho onde Mané fazia suas necessidades. Embora fosse um papagaio e não fizesse tanta sujeira, mesmo assim, era um bicho estabanado, e o local em que ele permanecia por mais tempo estava sujo, com restos de frutas, sementes e pedaços de papel picados por toda a pequena área ao lado do tanque. Um horror.

— Pode me explicar isso? — Joaquim estava possesso.

Antero deu de ombros.

— Não sabia que eras tão cuidadoso com tua casa e...

Joaquim o pegou pelo colarinho:

— Não brinque comigo, português. Estou aqui há muitos anos. Já sou sambado. Não queira dar uma de engraçadinho para cima de mim.

Antero entendeu mais ou menos o que ele havia dito. Soltou-se das mãos fortes do conterrâneo e justificou-se, com voz que procurou fingir triste:

— Francisca mandou-me embora. Colocou-me para fora da pensão. Fiquei sem chão. Vim para cá. Estou perdido. Desculpa-me.

— É verdade? Francisca o deixou? — quis saber Joaquim, aturdido.

— Sim. Largou-me, como se abandona um cachorro depois que se enjoa dele. Disse que homem que trabalha em bar não presta, não vale nada. Falou-me que tu estás a me levar para o mau caminho. Que não gosta de ti.

Joaquim sentiu o orgulho ferido.

— Francisca não pode falar assim de mim. Ela mal me conhece.

— Para ver como são as mulheres. Ela meteu na cabeça que eu e tu bebemos, saímos com raparigas e tudo.

— Eu saio com algumas. Sou viúvo. Você também se engraça com umas mulheres. Já vi.

— Qual nada, Joaquim. Sempre quis ser simpático, nada mais.

Joaquim coçou o queixo.

— Ah, pois.

— Prometo que vou arrumar tudo. Deixa-me ficar um tempo aqui, até arrumar um lugar. Não tenho para onde ir, Joaquim. Posso dormir na sala, sem problemas.

— Está bem. Por um tempo.

— Agradecido.

— Pois trate de começar a limpar essa bagunça. Vou descer e atender. Daqui a meia hora voltarei a subir. Quero ver o apartamento limpo — e apontou: — O canto do Mané também.

— Claro, claro.

Antero esperou Joaquim descer e começou a limpar.

— Desgraçado. Vou tomar tudo o que é teu. O bar, este apartamento, tudo. Vou obrigar-te a fazer um testamento e deixar o bar para mim — olhou para Mané e murmurou: — Você, eu vou assar e servir como iguaria exótica no botequim.

<hr>

Não demorou para haver o confronto entre Malvina e Antero. Foi num fim de tarde que ela, meio escondida, observava o movimento do bar. Esperou cerrarem as portas. Viu quando os dois subiram, acenderam as luzes do apartamento. Meia hora depois, Joaquim desceu. Tomou a Rua Direita e caminhou na direção da Praça do Patriarca, entrando em um teatro de revista.

Malvina passou a segui-lo. Joaquim fazia o percurso praticamente todos os dias. Saía do bar, arrumava-se, perfumava-se. Adorava um teatro rebolado. Era fã das vedetes. Não perdia um show. Às vezes, trocava de teatro e frequentava outro, na Praça Júlio de Mesquita.

Foi numa das saídas que Malvina usou de seus dotes artísticos. Pegou uma bolsa velha, pagou um malandro, quer dizer, deitou-se com ele, e acertaram de ele fingir roubá-la e sair correndo, assim que Joaquim saísse do teatro e, obviamente, pudesse flagrar a cena.

Quando ele dobrou a esquina, o circo estava montado. O malandro gritou "assalto", arrancou a bolsa de Malvina, empurrou-a como combinado e saiu em disparada.

Ela se jogou no chão de maneira estudada, gritando e chorando. Joaquim não sabia se corria atrás do rapaz ou ajudava Malvina. Preferiu ajudá-la. Aproximou-se e estendeu a mão para ela se levantar.

— Machucou-se?

— Oh, não — ela deu a mão para ele e levantou-se. Fingindo medo, abraçou-se a ele. Tomado de surpresa, Joaquim ficou sem graça. Malvina afastou-se rapidamente e disse:

— Desculpe-me. Estou aterrorizada. Nunca pensei que isso pudesse acontecer. Não costumo sair à noite...

Ela passou as costas da mão sobre o olho, fingindo secar uma lágrima inexistente.

— Calma. Está tremendo.

— Estou nervosa.

— Ele levou a sua bolsa. Tinha documentos, dinheiro?

— Sim. Havia um pouco de dinheiro, maquiagem, a carteira de identidade. O importante é que estou viva. Sorte que o senhor apareceu. Ele poderia tentar coisas comigo.

Joaquim sentiu pena da moça.

— Não pense numa barbaridade dessa.

— É sim — ela o abraçou de novo e Joaquim sentiu um estremecimento pelo corpo. Afastou-se com delicadeza. Ela continuou: — Muito obrigada, seu...

— Joaquim.

— Prazer — ela tirou a luva e estendeu a mão, delicada.

— Malvina.

— Onde mora?

Ela precisava ser verdadeira. Iria fazer tudo direitinho.

— Numa pensão para moças, na Rua Aurora. Não fica longe.

— E o que estava fazendo aqui?

— Uma das moças que vive comigo pediu para eu trazer um bilhete para o namorado dela. Ele trabalha naquela esquina — apontou para a frente. — A família dela é muito rígida. A irmã também mora na pensão. Eu sou romântica. Sempre torço pelos finais felizes.

Ele abriu um sorriso e meneou a cabeça.

— Ainda é jovem e terá seu final feliz. Eu já vivi o meu. O final não foi feliz.

— Por que diz isso?

— Fui casado. Não digo que me casei com o amor de minha vida, mas tive um bom casamento. Minha mulher era tísica. Morreu depois de cinco anos de casados.

— Mas é um homem tão jovem. Tão bonito! — ela levou a mão à boca. — Desculpe o atrevimento. É que o senhor é bem-apessoado.

Ele se sentiu envaidecido.

— Imagine. Tenho idade para ser seu pai.

— Claro que não. Tenho vinte e três anos.

— Tenho quarenta e dois. Portanto, idade para ser seu pai.

— Não parece. Pensei que tivesse trinta — mentiu. Joaquim tinha sido castigado pelo tempo, aparentava ter, pelo menos, quase o dobro. Malvina concluiu: — Nunca namorei porque sempre me interessei por homens mais, mais... maduros.

Joaquim sentiu-se excitado. A conversa com Malvina e o espetáculo visto havia pouco estavam deixando-o louco, mas não queria avançar o sinal. Malvina lhe pareceu uma moça honesta. Fazia anos que não sentia vontade de se aproximar de uma mulher. Acreditava que o teatro rebolado e as prostitutas da Boca do Lixo lhe bastavam. Agora começava a mudar de ideia.

— Diga-me. Você trabalha?

Ela já estava com o discurso pronto.

— Estava trabalhando como datilógrafa num escritório de advocacia na Líbero Badaró. Faz quase um mês que fui demitida. Meus pais já morreram e eu não tenho irmãos. Preciso batalhar pelo meu sustento. Ainda tenho alguma reserva que meus pais me deixaram. Comecei um curso de estenografia. Creio que em breve vou conseguir um emprego melhor.

Ela é mulher para casar. Não tem de trabalhar. Quanto desperdício!

Então, ele arriscou:

— Que tal jantarmos amanhã?

— Amanhã eu tenho de ajudar a organizar o bazar beneficente da igreja. Não posso falhar com as freiras — Joaquim sentiu um descontentamento sem igual, no que Malvina se adiantou: — Mas depois de amanhã estarei livre.

Ele sorriu, esperançoso.

❧

O jantar foi agradabilíssimo. Na outra semana seguiu-se um lanche em uma confeitaria. Depois outro jantar. E assim o tempo correu. Até que, num dia em que estavam tomando chá no salão do Mappin, Joaquim, já de quatro, totalmente apaixonado, abriu-se por completo:

— Eu tenho um botequim — revelou, entre um pigarro e outro.

— Um bar?

Vou ter de começar a atuar para esse porco sujo, pensou Malvina. *Vamos, é hora de colocar a atriz para trabalhar.* Sorriu e perguntou, num tom curioso:

— Que interessante! Onde fica?

— No centro da cidade. Próximo ao Largo da Sé.

— Passo pouco por aquelas bandas. Não é de bom-tom que uma moça ande desacompanhada pelo centro da cidade.

— Realmente, não é um ambiente para moças como você.

Malvina corou e disse:

— Já saímos algumas vezes, mas nunca me falou de você. Sempre perguntava de mim.

— Eu queria saber de sua vida, de sua família. Como crescera.

— Eu lhe contei tudo — claro que ela mentiu, de forma descaradíssima. — Agora sabe tudo de mim. Vamos a você. Pois bem. É dono de um bar. Tem filhos?

— Não. Sou muito solitário — Joaquim falou numa voz triste.

— Por que nunca se casou de novo?

— Minha mulher era de uma família muito fria e ríspida, tratavam-me mal. O assobradado em que está o bar era da família, que ela herdara. Quando morreu, naturalmente, o botequim ficou para mim. Uma prima dela jogava na minha cara que eu me casei com Horácia por conta da herança.

— Por conta de um bar?

— É.

— Ela era bonita?

— Não. Quer dizer, nem feia nem bonita. Não sei.

— Assim como eu, por exemplo?

— Imagine! Você é uma beldade. Encantadora.

A autoestima de Malvina agradeceu. Ela foi mais gentil.

— Mas, se ela era feia, não era o amor de sua vida e havia apenas um imóvel na jogada, por que aturá-la? Nem filhos tinham.

Joaquim coçou a cabeça.

— Para você eu posso contar. Quero abrir meu coração.

Malvina esticou o braço e seus dedos tocaram a mão dele. Joaquim estremeceu de prazer. Uma gota de suor escorreu pelo canto da testa.

Que nojo! Velho ensebado.

Ela pegou o guardanapo de pano e delicadamente passou pela testa do homem. Joaquim sentiu-se o homem mais querido do mundo. Apertou a mão dela com delicadeza.

— Horácia tinha muitas joias de família, terrenos no interior. Éramos casados com comunhão de bens e, quando ela morreu, fiquei com tudo.

Os olhos de Malvina faiscaram.

— Bom que você tenha dinheiro no banco e as joias lá guardadas também.

— Não. Tenho algumas aplicações no banco, mas gosto de ter dinheiro em casa. Guardo sob o colchão — ele baixou o tom de voz: — As joias também estão escondidas em casa.

O idiotia guarda dinheiro embaixo do colchão! E as joias também! Preciso arrumar uma maneira de arrancar tudo desse velho. Contudo, sussurrou, voz quase infantil:

— Pobrezinho. Deve ter uma vida muito solitária.

— Pois é — pigarreou mais uma vez. Bebericou um pouco de chá, tomou fôlego, coragem e fez a pergunta: — Quer se casar comigo?

Malvina fingiu derrubar uma lágrima.

— Sim, Joaquim. O que mais quero neste mundo é me tornar sua esposa.

O Rio de Janeiro, a Atlântida e o Oscarito ficam para depois. Fazer o quê..., pensou Malvina, enquanto refazia na mente os planos de sua vida. *Preciso encontrar o Evandro. Tenho um servicinho para ele. Roubo de joias.*

CAPÍTULO 12

Joaquim deixou Malvina na porta da pensão e despediu-se dela com um beijo no rosto.

— Não vejo a hora de correr com os papéis para o nosso matrimônio.

— Nem eu, querido. Não vejo a hora de me tornar a senhora Joaquim Pereira.

E dona de tudo o que você tem.

Assim que ele dobrou a esquina da Rua Aurora, Malvina deu um gritinho de prazer. Em seguida, falou para si:

— Preciso dar um jeito no Antero. O Joaquim vai falar de mim para ele. Ou, mesmo que não fale, preciso acabar com nossa relação. Bom, se ele falar de nós para Joaquim, eu nego tudo. Digo que está inventando, faço cenas. A minha veia artística e minha vontade de ter uma vida confortável a partir de agora são maiores que tudo. Antero é dispensável e eu vou tirá-lo do meu caminho de glória.

Não deu outra. Joaquim entrou no apartamento de maneira esfuziante. Não cabia em si tamanho era o contentamento. Antero estava lendo o jornal da noite e espantou-se ao vê-lo naquele estado.

— Hum... viste algum passarinho verde?

— Não. Vi de todas as cores! Estou apaixonado.

— Que coisa boa! Também estou. Imagino como te sentes.

— Não imagina. Eu a pedi em casamento.

Antero largou o jornal e levantou-se do sofá.

— É sério, então!

— Muitíssimo. Nunca senti isso na vida. Nem quando me casei com Horácia.

— Mas a tua esposa, que Deus a tenha, não era uma mulher que despertasse amor ou compaixão.

— Não é isso, Antero. Nunca senti isso — Joaquim botou a mão no peito. — Estou tremendo de emoção. Pareço um menino. Um miúdo. É como se eu tivesse dezoito anos.

— Essa mulher deve ser um estouro.

— É um anjo que caiu do céu. Infelizmente, assim que nos casarmos, você terá de deixar a casa. Não poderei mais mantê-lo aqui.

— Não te importes. Eu estou a sair com uma rapariga rica. A tia está doente, para morrer. Ela vai herdar uma fortuna. Logo nem vou mais precisar trabalhar no botequim.

— Mal-agradecido.

— Não é isso, Joaquim. Jamais vou esquecer o quanto me ajudou desde que cheguei. Mas não cruzei o Atlântico para ficar atrás de um balcão, a servir cachaça e aturar bêbados. Além do mais, apaixonei-me.

— Largou mulher e filho. Vive aqui de favor. Está se encostando numa moça para aproveitar-se da fortuna dela.

Não passa de um irresponsável, Antero. Gente como você não chega muito longe.

Antero sentiu o sangue subir, mas não podia rebater. Ainda precisava do apartamento, do emprego. Caso contrário, teria dado uns sopapos em Joaquim. Quem aquele homem pensava que era para lhe dar lição de moral?

— Não gosto que me digam o que devo ou não fazer de minha vida.

— Pois trate de ser responsável. Quem vai cuidar do seu filho? Apenas Francisca? O pai não existe mais?

— Miguel é problema meu. E agora, se me permites, vou tomar um ar fresco — foi até o porta-chapéus e apanhou o casaco e o chapéu. Saiu, pisando firme.

Joaquim meneou a cabeça.

— Tenho a certeza de que vai beber. Está arruinando a própria vida.

<hr>

Antero caminhou até a Avenida São João. Encontrou alguns bares abertos, entrou em um botequim pequeno, encardido, cheirando a tabaco e cachaça. Colocou as notas sobre o balcão e mandou encher o copo.

Depois de tomar meio litro de cachaça, olhos já avermelhados e meio tonto, decidiu caminhar a esmo pelas ruas. Meio trôpego, atravessou uma rua, não viu o carro, ouviu uma buzina e luzes contra si, quase foi atropelado, gritou e foi xingado.

Recuperado do susto, dobrou a rua e divisou uma silhueta abraçada a um homem. Cochichavam. Antero iria passar reto, mas a voz dela era inconfundível:

— Olha lá, Evandro. Depois eu passo endereço, tudo certinho. Preciso ver o melhor horário para você entrar na casa e...

— Malvina, é você?

Ela voltou a cabeça para o lado e arregalou os olhos. Evandro perguntou:

— Quem é esse aí? Um cliente?

— Um qualquer. Não ligue para ele.

— Malvina, o que fazes aqui? Agarrada a outro sujeito?

Antero pegou no braço dela com força.

— Ei, me solte, seu português idiota.

— Larga a moça, palhaço.

— Não, não. Exijo, exi... explicações — a voz de Antero estava meio pastosa. — Vais falar comigo. Quem é esse sujeito? O que fazes na rua até essa hora?

Evandro olhou para ela com ar de interrogação e emendou:

— Não tenho nada a ver com isso. Não quero confusão. Sabe que, se me meter em briga e a polícia aparecer, não posso ir em cana.

— Não precisa...

Antero a puxou pelo braço, com mais força.

— Escuta...

— Está me machucando, Antero.

— Precisamos conversar.

— Vou dar um jeito nele — ameaçou Evandro.

— Espere — ela tentou acalmar os ânimos. — Ele está bêbado.

— Não estou — protestou Antero, voz melosa. — Estás me fazendo de otário.

Evandro o empurrou e Antero agarrou-se nele. Nisso, Malvina abriu a bolsa e dela tirou um canivete.

— Deixa comigo. Eu vou dar uma lição nesse português idiota.

Tudo foi muito rápido. Antero, bêbado e fora de si, desvencilhou-se de Evandro e apanhou o canivete das mãos de Malvina. Ele fez um movimento brusco para o alto e a navalha rasgou do queixo até próximo do olho dela.

Malvina deu um grito de dor e caiu na calçada. Evandro arrancou a navalha de Antero e gritou:

— É louco?

Antero não sabia o que dizer. Nem sabia o que tinha acabado de fazer.

— Eu... eu...

Evandro deu-lhe um soco no rosto e correu para acudir Malvina.

— Putz. Foi superficial. De todo jeito, precisamos ir para a Santa Casa.

— Dói muito, Evandro.

Ele arrancou o paletó, depois a camisa. Voltou a vestir o paletó e com a camisa tentou estancar o sangue que escorria do rosto dela.

Antero cambaleava pela rua. Estava aturdido. As cenas vinham embaralhadas à mente. Malvina agarrada a Evandro, sangue, cachaça, Francisca, Miguel, Joaquim lhe pedindo para ir embora, o papagaio voando e tentando bicar sua cabeça.

Não percebeu quando o bonde dobrou a rua e entrou de maneira brusca na avenida. O condutor não teve tempo de frear. Antero não teve tempo de se esquivar.

As pessoas começaram a se aproximar. Uns foram ajudar os passageiros aturdidos a descer, outros se condoeram do condutor, um senhor abatido e desolado, pois nunca atropelara ninguém antes; outros, ainda, abaixavam-se para espiar o corpo preso entre o veículo e os trilhos.

A algumas quadras dali, sem saber o que acontecera com Antero, sentindo uma dor quase insuportável, Malvina decidiu:

— Nada de Santa Casa. Preciso fingir que um tarado tentou me agarrar e me feriu.

— Está louca?

— Não. Como vou explicar no hospital esse corte?

— Não é profundo. Talvez nem leve pontos.

— Melhor ainda — ela disse, para espanto de Evandro. — Acha mesmo que vou entrar no hospital e apenas afirmar que escorreguei e caí sobre uma faca? Vão desconfiar de você, Evandro.

— Isso é. Mas você precisa fazer um curativo. Não pode deixar de ter atendimento médico.

— Eu vou ter. Veja o que vou fazer — ela apontou para dois guardas que caminhavam tranquilamente pela calçada oposta. — Agora vá. Deixe comigo. Depois eu o procuro para acertarmos *aquele* negócio.

Evandro gostava dela. Queria ficar e ajudar, mas não podia correr riscos. Saiu e logo desapareceu. Malvina correu até próximo à esquina.

É agora.

Rasgou o vestido, tomou todo o ar do mundo e gritou, mesmo com a dor que sentia:

— Socorro! Pelo amor de Deus! Tarado!

E jogou-se no chão.

Os guardas apitaram e vieram correndo. Um vasculhou a área e outro acudiu Malvina.

— A senhorita está bem?

Ela meneou a cabeça.

— Não. Estou péssima. Ele me atacou com uma navalha.

Uma viatura chegou e outro guarda saltou. Ao ver Malvina e o sangue no rosto, fez uma cara de horror:

— Santo Deus, o que aconteceu?

— Um tarado. Tentou atacá-la. Sem sucesso, passou a faca em seu rosto.

— Maldito — bradou. — Sabe para onde foi, moça?

Ela apontou para a direção que Antero havia tomado.

— Podia ser o infeliz que foi esmagado pelo bonde — soltou o guarda, numa voz raivosa.

Malvina estremeceu.

— Houve um acidente?

— A algumas quadras daqui. Um infeliz foi atropelado. Dizem que estava bêbado.

Tomara que seja ele. Tomara. Assim meus problemas irão acabar.

— Moça — o guarda chamou.

Malvina estava pensativa.

— Desculpe. Estava com a cabeça longe. A dor está insuportável.

— Vamos levá-la para a Santa Casa. Depois de receber curativo, importa-se de ir à delegacia prestar depoimento?

— É claro! Sou moça direita. Estou noiva. Levarei meu noivo comigo.

CAPÍTULO 13

Dois anos se passaram.

Francisca olhava para o papel nas mãos. Alcina indagou:

— O que foi que não entendeu?

— Nada. Quer dizer, entendi tudo. Esse papel diz que sou viúva.

— Isso mesmo — esclareceu Mário. — Depois que reconhecemos o corpo de Antero e conseguimos enterrá-lo no cemitério onde minha família tem jazigo, o advogado deu entrada nos papéis. Achamos melhor não entrar com a separação. Seria muito mais demorado.

— E veja que esse papel que tem em mãos levou dois anos para ficar pronto.

— Não me sinto viúva. Sempre me senti desquitada. Antero abandonou-me a mim e a Miguel.

MARCELO CEZAR DITADO PELO ESPÍRITO MARCO AURÉLIO

— E o que importa? — quis saber Alcina. — Separada, desquitada, viúva... importa que, para os olhos da sociedade, é uma mulher que perdeu o marido e pode se casar de novo.

— Não quero me casar de novo.

— Por agora. Mas olhe pelo lado bom. Carmela não nos ensinou a olhar a vida sempre pelo lado positivo? Pois bem. Você foi agraciada. Não tem os dedos acusadores da sociedade sobre seu nariz ou do seu filho. Tornou-se uma mulher respeitada e tratada com compaixão.

— Por quê?

— Viúva, jovem e com um filho pequeno. É mulher que a sociedade encara com piedade.

— Não quero piedade.

— No bom sentido — ajuntou Mário. — Você agora é vista com bons olhos, entende? Não pensa no melhor para Miguel? Ele está no primeiro ano da escola primária.

— De mais a mais — emendou Alcina — sempre disse a Miguel que Antero tinha ido para Portugal, que um dia talvez voltasse. Agora, com calma e jeito, poderá contar ao menino o que aconteceu.

— Tem razão. Faz tempo que o pai se foi.

— Ele está tão apegado ao Mário. Não será um choque saber que o pai não vai mais voltar.

— Vamos, minha amiga. Tenha força — encorajou Mário. — Trabalha na casa de Carmela, tem uma casinha confortável para viver, está conseguindo fazer uma poupança. O futuro só lhe sorri. Não entre na tristeza sem motivo.

— Fui tomada pela sensação do "nunca mais". Eu tinha assuntos mal resolvidos com Antero. Se quer saber, acreditava que um dia voltaria para nos desquitarmos de fato. Tenho coisas entaladas na garganta.

— Pois fale.

— Como, Alcina? O homem morreu! — censurou Mário.

— Carmela nos ensinou a não ficarmos presos a mágoas e ressentimentos.

— Não me lembro — respondeu Francisca.

— Não tem problema. Você trabalha na casa dela. É só pedir que ela lhe refrescará a memória — contrapôs Alcina.

Francisca não tinha o que responder. Sentia uma vontade imensa de falar um monte de coisas para Antero. Desde que ele saíra da pensão, ela tinha vontade de estar frente a frente com ele e despejar um caminhão de mágoas, raivas contidas... Ah, se ele pudesse ouvir!

Ele podia. Antero estava ali na sala, junto deles. Escutava tudo e se atirava sobre os pés de Francisca.

— Perdoa-me! Perdoa-me! Fui um tolo. Jamais deveria deixar-te!

❧

Um homem entrou no bar e Malvina sorriu-lhe.

— O que vai querer?

— Um guaraná, por favor — ele devolveu o sorriso, entretanto sentiu pena.

Tão jovem e com uma cicatriz no rosto. Uma pena.

Ela andou com certa dificuldade. A barriga, de oito meses, a impedia de fazer movimentos mais bruscos. Percebeu o pensamento do cliente.

Todos pensam a mesma coisa. Virei a atração do circo. Por pouco tempo. Logo que isso nascer — bateu na barriga — *Joaquim vai me pagar uma cirurgia plástica. Ainda terei chance de estrear na Atlântida...*

Serviu o guaraná e derrubou a garrafa de propósito sobre a calça do cliente.

— Ah, desculpe-me. Estou grávida e ando desatenta. Perdão — correu para pegar um pano e entregou ao moço. — Vou abrir outra garrafa. Por conta da casa.

Ele sorriu e ela também.

Idiota. Essa foi por sentir pena de mim.

Para espanto do moço, Malvina acendeu um cigarro e tragou com vontade. Deixou os pulmões arderem e sua mente voltou à noite do acidente que ferira seu rosto e, por consequência, matara Antero.

Ao chegar à Santa Casa, Malvina foi atendida e os médicos acharam melhor dar uns pontos no corte. Meio a contragosto, ela cedeu e sentiu-se uma boneca de pano remendada. A dor era insuportável. Aguentava tudo porque tinha certeza de que o infeliz que fora atropelado e morrera era Antero. Sem ele, o caminho estava aberto para concretizar o sonho de se casar com Joaquim.

Joaquim, por sua vez, deixou Malvina na porta da pensão, com o rosto enfaixado, e, tão logo chegou ao bar, já havia dois policiais com o documento de Antero e o endereço do botequim anotado na mão.

Depois de reconhecer o corpo, Joaquim foi até a pensão e informou Mário do ocorrido, colocando-se à disposição para ajudar nas despesas do enterro.

Na outra semana, acompanhou Malvina até a Santa Casa para a retirada dos pontos. Sentiu-se penalizado.

— Como isso pôde acontecer?

— Lembra como me conheceu? Foi a mesma coisa. Só que pior. Você não estava lá para me salvar.

Ele sentiu um calor sem igual.

— Por que estava na rua? Era tarde.

— Nem tanto. A minha amiga pediu-me novamente que eu fosse levar o bilhete para o namorado. Sabe como é. Sou uma romântica incorrigível.

— Já disse...

Malvina o cortou com docilidade na voz:

— Sei, meu querido. Mas agora isso tudo vai acabar. Vamos nos casar. Prometo que não vou mais sair. Entrarei na pensão logo ao anoitecer e só sairei ao raiar do sol.

— Vamos arrumar um bom cirurgião para endireitar seu rosto.

— Claro. Voltarei a ficar linda, para você!

— Sim, sim.

Malvina voltou à delegacia, deu o depoimento e descreveu Evandro como sendo o tarado que lhe cortara o rosto. Deu todas as características dele.

Ele já tem ficha na polícia. Esse depoimento vai me ser útil no futuro. Pense, Malvina, pense.

Depois do depoimento, saíram da delegacia e Joaquim quis correr com os proclamas. Casaram em um mês.

Nesse meio-tempo, Joaquim foi avisado da missa de sétimo dia de Antero. Ficou entristecido. Pensava em vender algumas joias e entregar o dinheiro para Francisca. Queria ajudar a família do conterrâneo de qualquer maneira.

Malvina o viu cabisbaixo e indagou:

— O que aconteceu? Não quer mais casar? — arriscou, num tom de brincadeira.

— Não, meu amor, imagine! Um amigo que trabalhava no bar morreu. Hoje é a missa de sétimo dia.

— Que triste.

— Muito triste. Gostava de Antero. Embora irresponsável, era um homem bom.

E idiota. Teve o que mereceu; porém, ela respondeu:

— Pobrezinho. Vou acender uma vela para ele na igreja.

— Você é um anjo. Nem o conheceu e vai rezar pela alma dele.

— Essa é a verdadeira caridade, querido.

— Tirei a sorte grande — Joaquim suspirou, feliz.

Joaquim era um homem bom, cortês, gentil e amável.

O problema é que era péssimo na cama. Não funcionava a contento. Malvina ficava frustrada, mas sorria:

— É o melhor homem do mundo.

— Fala sério?

— É o único homem que tive na vida. Você me faz tão feliz.

Ele a abraçava e dormia feliz. Malvina geralmente levantava-se, acendia um cigarro e se dirigia à janela do quarto. Contemplava o céu e indagava às estrelas:

— O que fazer com um homem desses? Dar um tiro? Não posso. Terei de aturá-lo. Mas até quando?

Lembrou-se de Evandro.

— Ele, sim, é homem. De verdade.

Sentiu um calor por debaixo da camisola. Soltou mais uma baforada e apagou o cigarro no parapeito da janela.

— Já sei o que vou fazer.

Voltou a procurar Evandro.

— Vamos roubar o velho? — propôs ele, pensando nas joias.

— Agora não. Ele as levou para o banco — mentiu Malvina.

— Jura?

— Hum, hum. Mas vou fazer com que as traga para casa, aos poucos. Deixe comigo.

— Veio me procurar por quê?

Ela o tocou no meio das pernas.

— Saudades. Muitas.

Evandro sorriu.

— Safada. Não tem pudor.

— Nenhum.

— Nem um pingo de vergonha. É casada.

— Com um velho que não dá conta do recado. Evandro, estou subindo pelas paredes — ela tirou um maço de dinheiro da bolsa. — Acha que meu corpo e essas notas podem excitá-lo?

Ele sorriu.

— Vagabunda das boas! Não resisto ao teu charme.

— Vamos logo.

Ela o pegou pelos braços e foram para um hotelzinho fuleiro na Boca do Lixo. O recepcionista estava acostumado com as prostitutas da região e seus clientes. Nem ligou para Malvina e Evandro. Só queria ver a cor do dinheiro. Pegou as notas e entregou a chave do quarto sem tirar os olhos do jornal que lia sobre o balcão.

Dessa forma, entregavam-se a tardes de amor pelo menos uma vez por semana. Malvina tirava, pouco a pouco, notas de dinheiro sob o colchão e, regiamente, toda semana, pagava uma espécie de mesada a Evandro.

Joaquim não percebia que, aos poucos, o dinheiro sumia. As joias, embora estivessem ali na casa, eram guardadas num cofre. Malvina ainda não descobrira o segredo. Todavia, sabia que não tardaria para descobrir os números que a fariam botar a mão nas joias e vendê-las a um bom preço.

A primeira cirurgia plástica não deu muito certo. A pele ficara muito repuxada e, depois de consultarem um especialista de renome, Malvina soube que precisaria esperar pelo menos dois anos para uma nova intervenção cirúrgica.

Com uma tarde de amor garantida toda semana, não era de espantar que a cegonha desse o ar da graça. Um dia Malvina disse a Evandro:

— Estou grávida.

— E eu com isso?

— Nada. Só o estou comunicando. Claro que, oficialmente, o filho será de Joaquim.

— Pode ser dele.

Ela fez uma careta.

— Claro que não. Ele acha que faz amor comigo. Não dura cinco minutos. É horrível.

Evandro gargalhou.

— Então ele não vai acreditar que você engravidou dele.

— Claro que vai. Não sabe como me comporto quando ele está em cima de mim. Já disse. Sou atriz nata. Ele acha que é o homem mais viril do planeta.

— Esse bebê pode ser de outro.

— Como se atreve, Evandro? Eu só saio com você.

— Sei. Posso até acreditar.

— É verdade.

— Pode ser. Com essa cara de bicho, retalhada, até acredito. Quem se deitaria com um rosto disforme, grotesco?

— Não precisa ofender.

— Quer saber — ele se aproximou tão perto que Malvina podia sentir o hálito de tabaco —, eu só transo com você porque me paga. Só por isso. É para garantir a mesada.

As lágrimas começaram a descer. Malvina nunca tinha sido humilhada na vida. Nunca.

— E tem mais — ele continuou: — Dê graças a Deus que tem Joaquim. Ao menos tem um homem. Deve estar com glaucoma, algo do tipo. Eu teria nojo de me casar com uma mulher feito você — falou e cuspiu no chão.

Ela se lembrou de Anacleto. Fizera o mesmo gesto com o velho. Ela também falou e cuspiu no chão. Mas fazia tanto tempo. Evandro não era Anacleto. Evandro merecia sofrer. Tinha de pagar por ser tão cruel.

— Está certo, Evandro. Já terminou de despejar sobre mim todo seu desprezo?

— Quer saber? Cansei. Não quero mais me deitar com você.

Eu também não, maldito.

— Tudo bem, Evandro. Sem problemas. Entendo...

— Não entende. Sei que esse filho é meu. Tinha me prometido as joias. Agora eu quero as joias e muito mais.

— O que quer dizer?

— Muito dinheiro pelo meu silêncio.

— Não estou entendendo...

Claro que estava. Malvina não era burra. Só estava tentando juntar melhor as ideias.

— Se não me levar até as joias ou arrumar uma grande quantidade de dinheiro, vou até o bar e conto tudo ao Joaquim.

— Ele não vai acreditar em você.

O tapa veio forte. Plaft. Evandro deu outro, mais forte. Plaft.

— Rameira. Claro que vai. Eu falo do Antero. Conto tudo. Como ele saberá que conheci o Antero? E que o portuga largou a mulher e o filho para ficar com você?

Ela gelou. Evandro podia mesmo colocar tudo a perder.

— Deixe-me pensar. Calma. Estou grávida. Se eu perder o bebê, não vai poder me chantagear.

— Tem razão. Então, vai continuar a me pagar toda semana, só que não vamos mais ter esses encontros íntimos. Acabou.

— Sim. Acabou — ela repetiu.

Voltando a atenção ao balcão do bar, Malvina sentiu o moço tocar-lhe o braço:

— Ei, moça, quanto é?

— Desculpe, a gravidez me deixa aérea. Eu já lhe disse. É por conta da casa.

— Obrigado.

Ele se retirou, a calça continuava manchada de guaraná. Malvina riu.

— Ai, ai. Já estou farta de você me humilhar, Evandro. Preciso tirar você do meu caminho — ela consultou o relógio sobre a parede do caixa. — Onde está você que não chega, Joaquim?

Depois de dez minutos Joaquim entrou no bar.

— Querida, consegui.

— Trocou?

Ele fez sim com a cabeça.

— Troquei a espingarda antiga por uma garrucha de dois canos, calibre 22LR. Tive de dar um pouco mais de dinheiro. Mas ao menos temos uma arma melhor.

— Somos só nós dois, quer dizer — ela apalpou a barriga —, nós três e o bar. Somos presas fáceis para malandros.

— Ninguém vai tocar em nós.

— Claro que não, querido.

— Nem em Mané.

Esqueci daquele bicho asqueroso.

— Claro, nem Mané, nosso lindo papagaio — ela falou e fez cara de nojo. Odiava o papagaio.

CAPÍTULO 14

Malvina pagou o chofer e desceu do táxi com dificuldade.

— Tem certeza de que vai descer aqui? — indagou o motorista, enquanto ela se esforçava para saltar do carro.

— Não é da sua conta. Já paguei, não? Agora vê se pega seu dinheiro e some.

— Ingrata — ele acelerou e meneou a cabeça. — A criança deve estar quase para nascer. Vou perdoar.

Malvina passou por uma calçada suja, cheia de lixo, contornou dois homens deitados no chão e entrou num cortiço. O cheiro era extremamente desagradável. Trancou a respiração.

Passou por entre crianças correndo e roupas estendidas por corredores. Subiu um lance de escada e, cansada, dobrou o corredor e bateu à porta. Uma moça seminua abriu a porta e atendeu-a:

— Pois não.

— O Evandro.

— Amor, é pra você. Uma senhora grávida está aqui na porta — disse e voltou para dentro, rebolando numa camisola transparente.

Malvina sorriu e por dentro teve vontade de estrangular a ninfa.

Ele apareceu na soleira, apenas de calça, sem camisa, um cigarro entre os dedos da mão.

— Oi, Malvina. Diga.

— Tudo certo para hoje à noite — ela falou quase num sussurro.

— Vai fazer o papai aqui ficar rico?

— Bem de vida.

— Que horas?

— Eu e Joaquim vamos nos deitar por volta das dez. Vou colocar um sonífero na bebida dele. Chegue por volta das onze da noite.

— Pode ser.

— Não, Evandro. Nada de "pode ser". Tem de ser às onze em ponto. Não quer ficar rico? Faça a sua parte.

— Como queira.

A voz lá de dentro gritou:

— Amor, vem logo.

— Como vê — ele disse baixinho —, uma beldade me espera na cama.

Malvina sentiu o sangue subir e uma veia querer saltar no canto da testa.

— Se não estivesse nessa condição — apontou para o barrigão —, juro que...

Ele a cortou:

— Jura que o quê? Iria me bater? — ele riu com desdém.

— Vê se te enxerga, Malvina. Não passa de uma bruaca. Está

108

acabada. Dê graças a Deus que tem um homem que ainda gosta de você.

Evandro bateu a porta com força. Malvina ficou ali parada por alguns instantes.

— Ele pensa que eu sou o quê? — gesticulou enquanto ganhava a rua, indignada. — Um monte de lixo? Que não tenho sentimentos? Ah, Evandro, você vai ver. Hoje à noite eu vou lhe pagar todas essas ofensas, com juros e correção.

✦

Enquanto isso, nas trevas, a situação não era muito animadora. Uma legião de espíritos empenhados na disseminação do bem invadiu a gruta onde estavam Minos e seus vigias.

Assim que o bando de seres iluminados adentrou o ambiente, boa parte correu dali. Outra parte resistiu e lutou. Mas a legião não estava ali para lutar ou destruir o quartel-general de Minos. Pouco se importava com o que os sentinelas faziam ou deixavam de fazer.

Teseu liderava o bando.

— Não estamos aqui para tomar o lugar de ninguém, tampouco lutar ou levar alguém contra a vontade.

— E vieram fazer uma visita? — ironizou Minos. — Deveria ter avisado antes. Não tenho chá e biscoitos para servir tanta gente.

— Não será necessário — devolveu Teseu. — Vim atrás de algo que pertence a mim e não a você.

— Não sei do que está falando.

— Não se faça de besta, Minos. Ariane não pode mais ficar aqui.

Os olhos dele adquiriram um vermelho vivo. Seu rosto adquiriu expressão macabra.

— Ariane é minha! — vociferou.

— Não é.

— Eu já lhe dei dois. Levou Miguel e me tirou Lauro. Ela não vai sair daqui. Nem que eu use de toda minha maldade.

— Pare com isso. Ainda está preso ao passado. Todos nós evoluímos, já saímos do século XVI. Apenas você se recusa a andar para a frente, prefere ficar preso a um tempo distante, que já está praticamente perdido e esquecido na memória dos envolvidos.

— Sei que Lauro ainda não voltou. Ariane está aqui. Quando os dois voltarem, quero ver se Miguel vai conseguir fazer o que tem de fazer. Duvido.

— Isso não é problema meu nem seu. Não podemos frear a evolução dos outros. Cada um é responsável por suas escolhas. De nada adianta manter Ariane presa.

— Claro que adianta.

— Sei que está enchendo a memória perispiritual dela com um monte de ideias negativas sobre afetividade.

— Ela precisa voltar e ser uma perdida. E levar Miguel para o buraco. Ele não pode vencer.

— Acabe logo com essa rixa. Já se passaram mais de trezentos anos desde a última experiência que tiveram juntos.

— Que fossem quinhentos, mil anos. Jamais esqueceria. Miguel a tirou de mim. Ela é minha!

— Ninguém é de ninguém. Sabemos disso. As pessoas se juntam por afinidade e não por cisma. Você a está manipulando para que tenha dificuldades na hora de tomar decisões. Está interferindo no livre-arbítrio dela. Não é ético.

— Quem é você para me falar de ética? Você foi uma das pessoas que mais deturparam a moral da sociedade humana.

Teseu baixou a cabeça, um tanto envergonhado.

— *Altri tempi, altri costume.* Eram outros tempos e outros costumes. Isso foi há muitos séculos. Eu me regenerei. Hoje luto para incentivar o amor incondicional entre os seres.

— Se é para voltarmos aos nossos tempos de Itália, então, *me ne frega.* Eu não me importo com seu adiantamento moral, do mundo ou de Miguel e Lauro. Mas Ariane não vai...

Ouviram um estrondo e um dos guardas de Teseu informou:

— Ela já foi capturada e encontra-se fora da propriedade, senhor.

— Obrigado.

Minos avançou para cima dele, contudo, Teseu levantou a mão e Minos ficou estático. Apenas movimentava os olhos, vermelhos e inquietos.

— Não vai fazer nada, Minos. Seu tempo com Ariane, por ora, acabou. Ela vai comigo. Vamos tentar, dentro do possível, limpar a memória dela das besteiras que você tanto a fez absorver.

Minos só movimentava os olhos, a boca estava travada. Teseu prosseguiu:

— A futura mãe de Ariane está nascendo daqui a algumas horas. Portanto, o tempo urge. Eu tenho uns vinte anos para preparar a volta de Ariane.

Aos poucos, a boca começou a adquirir movimento e Minos pôde falar:

— Orion tem me informado tudo o que se passa naquela dimensão. Vocês ainda não conseguiram resgatar o pai de Miguel.

— Nem você.

Minos deu de ombros.

— De que me serve ter Antero? — ele cuspiu no chão e confessou: — Sempre foi um inútil. Não vale nada. Não me interessa.

— Todos são dignos de compaixão. Chegará um dia em que Antero vai nos procurar.

Minos grunhiu e mudou o assunto:

— Ariane vai nascer num núcleo bem conturbado. Não era o que eu queria. Era para ela nascer em uma família rica, muito rica.

— Não é problema seu — devolveu Teseu. — Somos nós que escolhemos onde desejamos nascer. Ela tem forte ligação com a mãe e, principalmente, com Malvina.

— Ariane é minha.

— Então volte para o mundo. Reencarne.

— Não! — bradou. — De jeito nenhum. Não volto mais para lá.

— Uma hora terá de voltar. Sabe disso. O nosso ciclo na Terra ainda não acabou.

— Não tenho a menor vontade de voltar. É um direito que tenho.

— Claro que é.

O guarda se aproximou novamente de Teseu:

— Tudo certo, senhor. Estamos prontos para partir.

— Já vou — ele fez sinal para o rapaz se afastar e encarou Minos: — Sabe que não guardo rancor. Nunca fui seu inimigo. Gostaria muito que viesse para o meu lado.

— Sabe que isso é praticamente impossível. Não posso. Agora, não.

— Você é quem sabe. Apesar de tudo, ainda amo você, meu irmão.

Teseu saiu e logo desapareceu da gruta. Minos foi, aos poucos, readquirindo os movimentos. As últimas palavras ficaram martelando em sua mente: "Ainda amo você, meu irmão".

Por mais que quisesse sentir ódio de Teseu, não conseguia. Não queria. No fundo, também o amava.

Orion chegou naquele momento.

— Mestre, o que aconteceu? Vim assim que acionaram o alerta vermelho!

— Levaram Ariane.

Orion procurou não demonstrar a satisfação que sentia. Odiava Ariane. Não gostava de tê-la por perto.

— Como assim? Ela estava sob forte proteção, monitorada por sentinelas treinadíssimos!

— Os vaga-lumes de Deus a levaram — praguejou Minos. Sentou-se em uma poltrona, acabrunhado. — Teseu esteve aqui.

— Melhor assim. Quanto mais longe ela estiver, melhor para nós — balbuciou.

— O que disse, Orion?

— Nada. Estou aqui a pensar numa maneira de trazê-la de volta.

Minos fez um gesto vago com a mão.

— Não vai adiantar. Vão prepará-la para reencarnar daqui a alguns anos, naquele núcleo que você tanto tem perturbado e obsediado.

— Não me diga! Ela vai fazer parte da família de Malvina?

Minos fez sim com a cabeça.

— Vou impedir.

— Não vai nada. Não quero que faça nada, por ora.

Orion aproximou-se e o tocou na mão. Sentiu um choquinho. Minos nada percebeu.

— Mestre, o que quer que eu faça para agradá-lo?

— Preciso ficar sozinho. Posso?

CAPÍTULO 15

Depois do jantar, Malvina levantou-se e foi apanhar a garrafa de vinho do Porto na cristaleira. Joaquim a impediu e a fez se sentar.

— Não quero que faça movimentos bruscos. Nosso filho está prestes a nascer.

— Deixe disso, Joaquim. Não estou aleijada. Apenas grávida.

— Não.

Ele a fez voltar para a cadeira. Foi até a peça, apanhou a garrafa, um copo e retornou.

— Eu também quero — ela pediu.

— De jeito nenhum. O bebê está prestes a nascer. Não quero que nenhum mal aconteça ao meu filho.

Ao meu filho, pensou ela. *Pela maneira como faz amor comigo, deveria presumir que não seria capaz de me engravidar. Em todo caso, deixe-se iludir.*

Entretanto, Malvina comentou, num gracejo:

— Tem razão, nenhum mal pode acontecer ao nosso filho.

Joaquim colocou garrafa e copo sobre a mesa. Malvina pediu:

— Importa-se de pegar um copo de água para mim? Estou morrendo de sede.

— Claro, querida. É para já.

Ele foi da sala para a cozinha. Numa rapidez incrível, Malvina apanhou o vidrinho que estava na gaveta do aparador ao lado e despejou o líquido no copo. Em seguida, abriu a garrafa e encheu o copo de vinho.

Joaquim entrou logo em seguida.

— Por que encheu o copo? É apenas um digestivo.

— Acabei exagerando. Perdão, querido. Tome somente o necessário.

Joaquim bebericou o líquido e deixou menos da metade do copo. Malvina fez bico.

Será que vai fazer efeito?

Dali a meia hora, Joaquim começou a abrir a boca. Nem conseguiu terminar de escutar o *Repórter Esso*. Malvina deu graças a Deus. Não suportava o noticiário. Aproveitou o bocejo do marido e pediu para ajudá-la a se levantar do sofá.

— Vamos nos deitar? Já passa das dez.

— Sim. Estou cansado. Nossa, me deu uma soneira.

Enquanto caminhavam para o quarto, Joaquim apagava as luzes. Deitaram-se, ele a beijou no rosto. Fez a oração noturna, virou-se de lado, apagou a luzinha do abajur sobre o criado-mudo e adormeceu rapidinho.

Malvina ficou com os olhos pregados no teto, contando os minutos.

Evandro não pode falhar. Tem de vir.

De repente, ela foi tomada de susto.

E se ele pegar as joias e sumir? Afinal, está de amores com uma garota bonita, jovem... será que... será... será...

A dúvida a corroía. Em vez de ficar na dúvida e vulnerável, preferiu precaver-se. Olhou para o lado e Joaquim roncava alto. Ela se levantou da cama, com certa dificuldade. Deu a volta, foi até o criado-mudo de Joaquim, abriu a gavetinha e apanhou a arma. Voltou para seu lado, deitou-se, segurando a arma entre as mãos.

Assim que se acomodou, ouviu passos na escada. Tinha já deixado a porta dos fundos destravada. Evandro subiu pé ante pé. Entrou no quarto e foi surpreendido com o grito histérico de Malvina. Ele não esperava por isso. Assustou-se.

Joaquim, sonolento, tateando a cama, fez esforço enorme para recobrar a consciência. Acordou meio grogue:

— O que... o que foi?

— Um ladrão, Joaquim. Um ladrão na nossa casa!

Enquanto ele tentava concatenar as ideias, com o sonífero já fazendo efeito, Evandro aproximou-se e a estapeou:

— Está louca?! O que pensa que está fazendo?

— Defendendo o que é meu!

Ela descobriu as mãos do lençol e Evandro viu o garrote. Assustou-se. Rápido, sacou do colete a arma, contudo, não teve tempo de atirar. Malvina foi mais rápida. O tiro o atingiu no peito. Evandro deixou a arma cair sobre a cama, cambaleou e caiu pesadamente no chão.

Joaquim, ainda sonolento, começou a ter uma vaga ideia do que acontecia.

— Você atirou em um homem!

— Ele é um ladrão. Estava tentando nos roubar.

Joaquim levantou-se com dificuldade e se arrastou até Evandro. Malvina fez o mesmo.

— Precisamos chamar a Assistência. E a polícia. Agora!

— Não. Nada de polícia, Joaquim. Trata-se de um ladrão.

Ele se exasperou.

— Não. Ladrão ou não, o homem ainda está vivo. Precisamos, ao menos, chamar a Assistência.

Malvina apanhou a arma de Evandro caída sobre a cama e a apontou para Joaquim. Mirou na cabeça e atirou. Bum. O corpo de Joaquim caiu pesadamente sobre Evandro, sem vida, o sangue espalhando-se ao redor.

Evandro, ferido e com o corpo de Joaquim apertando-o, mal conseguia se movimentar e falava com extrema dificuldade:

— Você armou tudo, cadela — ciciou. — Matou dois coelhos com uma só cajadada.

— Dois trogloditas, você quis dizer. Poupe os coelhos.

O papagaio, histérico, se debatia e gritava:

— Bum. Morreu. Bum. Morreu.

Malvina sorriu de forma sinistra e, ao encarar o bicho, disse entredentes:

— Daqui a pouco cuidarei de você, papagaio dos infernos.

Ela limpou as digitais e colocou a arma na mão direita de Evandro, encostando o cano próximo da cabeça de Joaquim. Evandro estava tão prostrado que não fez resistência. Deixou que ela montasse o cenário perfeito.

— É isso mesmo que está pensando, Evandro. A polícia vai chegar e encontrar uma mulher grávida, aflita, chorosa. O ladrão entrou, o marido acordou e tentou defendê-la e ao filho que estava prestes a nascer. Um atirou, e o outro, antes de morrer, revidou. Você, pobrezinho, revidou...

— Tem pólvora negra na sua camisola. Vão desconfiar.

— Imagine — ela começou a se despir na frente dele. — Estava me esquecendo desse detalhe. Vou trocar de camisola e me desfazer dessa. E lavar as mãos. Também vou arrebentar os vidros da porta dos fundos. Você invadiu a casa.

— Estou vivo. Posso dar a minha versão.

— Será a versão de um bandido, com ficha criminal, contra a de uma viúva, grávida. A mesma grávida que você assaltou e atacou há algum tempo. Quando prestei queixa na delegacia, o retrato falado coincidia com o seu rosto. Coincidência, não?

— Maldita.

Ela gargalhou, daquele jeito muito próprio dela.

— Desgraçada.

— Xinga. Com vontade. Faz bem extravasar. Ainda mais para quem está prestes a apodrecer na cadeia — ela falou e, em seguida, cuspiu no rosto dele. — Isso é para você saber que eu dou a palavra final. Idiota. Acha mesmo que iria se safar das humilhações a que me submeteu?

Evandro tentou contemporizar:

— Não foi bem assim...

Ela o cortou com um chute bem na região do tiro. Evandro uivou de dor.

— Chega! A sua voz é extremamente irritante.

Malvina passou por cima dos corpos e foi até o banheiro para se lavar. Nesse meio-tempo, Evandro, com extrema dificuldade e sentindo muita dor, sabendo que não resistiria ao ferimento, tomou uma decisão radical.

— Ela pensa que vai se safar? Que dá a palavra final? Então que se estrepe.

Apalpou o bolso da calça e dele retirou a caixa de fósforos. Riscou um e jogou sobre a cama. Nada. Bradou um palavrão. Mais calmo, riscou outro e ateou fogo na camisola caída a seu lado. Assim que a camisola se incendiou, Evandro, com o resto de força que ainda tinha, atirou-a na direção das cortinas do quarto.

Quando Malvina saiu do banheiro, não havia como controlar as labaredas. O quarto estava praticamente em chamas.

Ela olhou para Evandro e ele declarou, antes de desfalecer com a inalação da fumaça:

— Eu morro. Você vem junto! — sentenciou.

Houve uma explosão. Malvina sentiu como se os tímpanos se rompessem, uma bola de fogo surgiu à sua frente e ela apagou.

CAPÍTULO 16

Passaram-se dias, semanas, meses, um punhado de anos.

Miguel despertou com um toque suave de Francisca.

— Querido, hora de levantar-se.

Ele se espreguiçou e bocejou. Francisca correu até a janela e empurrou a cortina com os dedos. Abriu a veneziana e os raios cálidos do sol invadiram o quarto.

— Que horas são?

— Passa das oito.

— Não posso dormir mais um pouco?

— Não, senhor. Hoje é o último domingo do mês. Dia de almoçar com Carmela.

— Hum — ele se espreguiçou novamente. — Queria descansar um pouco mais. Estou estudando muito.

— Quem está na faculdade precisa estudar. Se bem que ontem eu vi Glorinha sair daqui bem tarde.

— Ela ficou me ajudando com cálculos. Ela deveria fazer o curso de Economia. Eu deveria cursar Pedagogia.

— Você gosta...

— Do curso? Claro.

— Não, meu filho. Da Glorinha.

— É uma irmã pra mim.

— Apenas isso?

Miguel levantou-se da cama e, depois de bocejar, abraçou Francisca:

— Por que todos acham que eu e Glorinha temos alguma coisa além de amizade? Fomos criados juntos, somos praticamente irmãos. Sempre considerei Mário um pai, e Alcina, uma tia querida.

— Você está certo. É que, nessa idade, adulto, pensei que tivesse nutrido por ela outros sentimentos.

— Não. Ela é uma irmã querida.

— Será que Glorinha sente o mesmo por você?

— Creio que sim. Mas hoje a senhora acordou com vontade de fazer perguntas, não?

Ela riu bem-humorada.

— Entendo que Glorinha estude Pedagogia e será, naturalmente, o braço direito e, quem sabe, a sucessora de Carmela nos trabalhos assistenciais.

— Se tem certeza de que eu e ela nos tratamos como irmãos, por que tanta pergunta?

— Era apenas para eu me certificar. De mais a mais, hoje à noite vai jantar na casa do seu querido professor. Pensei que ela iria acompanhá-lo.

— Não. Glorinha está a fim de um rapaz que cursa Filosofia. Está em outra.

— Esses jovens de hoje! Quanta modernidade.

— Meu professor tem nome. Camilo — Miguel olhou para a mãe com ar maroto: — Acaso está com ciúmes de mim com o professor?

— Não. Quem deveria ter ciúme... — ela quedou pensativa e prosseguiu: — Deveria ser seu padrinho, Mário. Que Deus o tenha.

— Está bem. Chega de conversa fiada. Deixa eu tomar um banho e acordar de vez.

Francisca começou a ajeitar a cama enquanto Miguel se dirigia ao banheiro. Era praticamente homem feito. Não ficara muito parecido ao pai. De Antero, mantivera os cabelos pretos e volumosos, penteados para trás. O rosto, retangular e com queixo proeminente, tinha mais similaridade com os parentes de Francisca.

Miguel crescera um jovem simpático, bem-apessoado. Não era um galã de novelas, mas também não era um sapo. Tinha um porte elegante e a covinha no queixo, quando sorria, cativava as meninas.

Sempre que possível, estava na companhia de Mário, que adotara como pai, padrinho. As primeiras conversas de homem para homem, ele tivera com o padrinho. Mário sempre estava à disposição e enchia o rapaz de conselhos. Dois anos atrás, no entanto, Mário sofrera um enfarte fulminante. Nem deu tempo de chamarem os primeiros socorros. Morreu em casa, deitado, ao lado de Alcina.

No momento, Miguel cursava o último ano de Economia e, depois da morte de Mário, preenchera o vazio da figura paterna ao estreitar amizade com um dos professores do curso, Camilo. Era um senhor na faixa dos cinquenta, corpulento e rosto simpático. Miguel simpatizara com ele logo nas primeiras aulas do primeiro ano.

Miguel deveria ter aulas, novamente com Camilo, no finzinho do último ano. Nesse domingo fora convidado para jantar na casa do professor. Camilo era viúvo e tivera um casal de filhos. A caçula, Judite, terminara o Normal, prestara vestibular para Artes e no fim do primeiro ano trancara a matrícula. Fora estudar Pintura Clássica em Paris e retornara ao país havia alguns meses.

Após o banho, Miguel arrumou-se e foi para a cozinha.

— Depois do almoço, poderemos ir ao cinema — disse Francisca. — Estreou *O jeca e a freira*. Sabe que sou fã do Mazzaropi.

Miguel sorriu.

— Eu faria esse sacrifício. Mas hoje não, mãe. Preciso terminar um trabalho para a faculdade e quero descansar um pouco antes de ir ao jantar na casa do professor Camilo.

Francisca fez um muxoxo.

— Por que não vai com Alcina?

— Está bem. No almoço, eu a convido para sair.

— Isso. Gosto de vê-la assim, feliz.

— Eu sou feliz, meu filho. Tenho tudo de que preciso.

— Só falta um marido.

— Vire essa boca para lá. Já disse que não tenciono me casar novamente.

Miguel a abraçou com amorosidade.

— Adoraria que você tivesse um companheiro, sabe? Logo eu encontro alguém, me caso e você vai ficar sozinha?

— Você me dará netos. Vou preencher meu tempo.

— Mas e quanto ao seu coração — ele tocou no peito dela. — Quero vê-la bem. Sempre.

Abraçaram-se e Francisca se sentiu a mãe mais amada do mundo.

CAPÍTULO 17

Chegaram à casa de Carmela no horário combinado. Glorinha veio recepcioná-lo.

— Dormiu bem?

— Descansei.

— Ficamos até tarde ontem. Foi sábado. Poderia dar uma esticada e sair com seus amigos.

— Eu até sinto saudade de sair e me divertir, mas levo o estudo a sério. Logo me formo.

— Poderia levar os estudos espirituais a sério também — tornou Alcina, ao cumprimentá-lo.

— Mamãe — interveio Glorinha —, o Miguel não tem inclinação para os estudos espirituais.

— Não custa nada mostrar interesse pelo assunto. Todo homem de bem deveria estudar as leis da vida.

— Tia Alcina — respondeu ele —, eu gosto quando a Glorinha me explica coisas do mundo invisível que não entendo. Mas é mais para sanar a curiosidade. Eu converso com Deus do meu jeito. Isso me basta.

Alcina iria protestar, Glorinha interveio:

— Viu, mamãe? Miguel já tem certo grau de espiritualidade apenas por pensar dessa forma diferente.

— Você sempre passa a mão na cabeça dele, isso sim.

— Não. Sou justa. Ele é como um irmão — ela o beijou no rosto e foi puxando-o para o interior da casa de Carmela.

— Pena que se olham como irmãos! Eu achava...

Francisca cortou Alcina com amabilidade na voz:

— Eu também sinto isso, mas eles se amam como irmãos, fazer o quê?

— Além do mais — ressaltou Glorinha —, eu vou continuar os trabalhos de Carmela. E, bem lá na frente, quando ela se for deste mundo, vou assumir os trabalhos sociais dela.

— Tem tempo para organizar uma família. Não pensa em casar? — indagou Francisca. — Miguel deixou escapar que você está saindo com um rapaz do curso de Filosofia.

Ela estapeou Miguel no ombro.

— Pedi para guardar segredo!

— Nada de mais — replicou ele. — Rubens é papo-firme.

— Pare com essas gírias — censurou Francisca. — Não gosto quando fala desse jeito.

Ele iria retrucar, contudo, Glorinha ajuntou:

— Rubens é um rapaz interessante, porém não vejo futuro nessa história. O casamento não é para mim. Posso namorar, mas não quero me casar.

— Ela diz isso agora — interveio Alcina, voz indignada. — Vai ficar solteirona, falada.

Glorinha deu de ombros:

— Não me interessa o que os outros pensem a meu respeito. Importa eu estar me sentindo bem.

— Nossa família vai acabar — previu Alcina, triste. — Não temos parentes próximos. Glorinha é filha única.

— Eu vou cuidar de um monte de filhos do coração — Glorinha contrapôs. — A maioria das crianças do orfanato não é adotada e permanece nos abrigos até a fase adulta. Terei muito com o que me ocupar.

— Se ela acha que pode ser feliz assim — lembrou Miguel —, não temos por que ficar tristes.

— Tadinho do Rubens — brincou Francisca.

Todos riram.

Carmela veio da cozinha e os cumprimentou. Abraçou Miguel com carinho.

— Estava com saudades de você. Só o vejo uma vez por mês.

— Ah, Carmela, eu tenho dedicado todo o meu tempo livre para estudar. Quero me formar com boas notas. E, assim que me formar, arrumar um bom emprego.

— Vai conseguir. Está fadado ao sucesso — ela afirmou, enquanto acariciava o rosto dele com certo pesar.

— Que cara é essa?

— Nada, meu filho — sorriu Carmela. — Vamos almoçar?

— Mário ficaria feliz em vê-lo falar assim — a voz de Alcina era chorosa.

— Nada de tristeza — recomendou Carmela. — Mário está em outra dimensão. Agora tem outras experiências, precisa reavaliar crenças. Aprendeu bastante nesta escola chamada mundo. E partiu sem dor, de forma rápida.

— É verdade — aquiesceu Alcina. — Poderia estar preso a uma cama, como aconteceu com o marido da Celi.

— Isso mesmo. Você anda muito desgostosa para meu gosto, Alcina. Cadê aquela mulher que conheci, cheia de entusiasmo pela vida?

— Sinto-me sozinha. Ainda não me acostumei à perda do meu companheiro.

— Saia. Vá passear.

— Depois do almoço, que tal irmos ao cinema? — convidou Francisca.

— Pode ser.

— Pode, não. Vamos sair.

— Isso mesmo, tia. Leve minha mãe para passear. Ela fica enfurnada naquela pensão, não sai quase nunca.

Mesmo sob protesto, Alcina aceitou o convite.

— Está certo. Depois do almoço, iremos nós duas, eu e Francisca, ao cinema. Gostaria de nos acompanhar, Carmela?

— Pode ser. Quem sabe sairemos as três, juntas?

O almoço fluiu agradável. Glorinha e Carmela trocavam ideias acerca de novas metodologias educacionais para as crianças, sem ferir o currículo exigido pelo Ministério da Educação.

Alcina e Francisca permaneceram sentadas na saleta de inverno, conversando sobre a falta dos maridos e como tudo havia mudado em suas vidas desde que ficaram viúvas.

Assim que deixaram a cozinha arrumada, Glorinha foi à saleta de inverno e procurou se distrair com a leitura de um romance espírita.

Miguel foi descansar no quarto de hóspedes. Antes de ir, porém, Carmela lhe sorriu:

— Hoje será um dia especial em sua vida.

— Na minha? Por quê? Vou ganhar na loteria?

— Algo parecido — Carmela respondeu, deixando no ar um quê de mistério, e chamou Francisca e Alcina. — Podemos ir. Estou pronta.

As três tomaram um táxi com destino à região dos cinemas, na época, na Avenida São João. Glorinha permaneceu atenta à leitura e Miguel, sem dar trela ao comentário de Carmela, deitou-se e dormiu logo em seguida.

CAPÍTULO 18

Miguel chegou à casa de Camilo às sete em ponto, como combinado. Haviam marcado mais cedo porque era domingo, e Miguel não queria se deitar muito tarde. Gostava de deitar-se cedo para acordar bem-disposto e enfrentar o início da semana de aulas.

Todavia, assim que tocou a campainha do gracioso sobrado nas imediações da Avenida Angélica, Miguel sentiu que sua vida mudaria por completo.

Uma moça alta, corpo bem-feito, pele bem clarinha, cabelos castanho-claros presos em coque, vestindo um conjunto de blusa verde-água e calça creme abriu a porta e sorriu:

— Deve ser o Miguel. Prazer — ela estendeu a mão e ele ficou boquiaberto com tamanha beleza. — Meu nome é Judite.

— Prazer. Eu mesmo. Pensei que a filha do professor Camilo tivesse...

— Cuidado com o que vai dizer — ela riu. — Não seja indelicado.

— Jamais seria indelicado com uma moça tão bela.

— Obrigada — ela fez uma mesura com a mão e o convidou. — Entre. Papai precisou ir até ao mercadinho aqui perto. Já volta.

Miguel sorriu e entrou. Era um ambiente decorado com bom gosto, repleto de móveis clássicos e uma grande quantidade de quadros espalhados pelas paredes. Uma grande tela estava sobre um cavalete.

Judite foi logo avisando:

— Não se espante com tantos quadros.

— São lindos. Eu gosto de figuras humanas — disse, enquanto caminhava ao redor da sala e observava as telas.

— Eu prefiro rostos e corpos a paisagens.

— É você quem os pinta?

— Por certo. Estudei pintura e anatomia. Passei um ano em Paris, a fim de me aperfeiçoar. Voltei faz seis meses.

— Parabéns. Adorei a técnica.

— Eu utilizo uma técnica mista de lápis e pastel seco — Judite notou a interrogação no rosto dele e quis saber: — Você aprecia pintura?

— Confesso que não é o meu forte. Cresci numa família simples e não tínhamos o hábito de apreciar obras de arte.

— Nunca teve interesse em visitar um museu?

— Não.

— Ao menos é sincero — Judite sorriu e fez um gesto para ele se sentar. — Aceita uma bebida?

— Não sou de beber. Mas, se for para acompanhá-la, eu aceito.

— Muito gentil de sua parte — ela foi até o bar e serviu dois copos com vinho tinto. Entregou um copo para Miguel e brindou: — À arte!

Ele bebeu um pouco e Judite observou, aproximando-se:

— Tem um rosto interessante. Eu gostaria de desenhar seu rosto, transportá-lo para uma tela. Permitiria?

— Seria um prazer. Quer dizer, um privilégio. Depois, vai que você se torna uma pintora famosa, não é? O retrato vai valer um bom dinheiro!

— Bem pensado. Mas, se quer saber, nunca pensei em ser famosa. Eu desejo dar aulas em uma escola de pintura e, se possível, no futuro, criar uma escola de arte e dar espaço para quem não tem condições de pagar.

— Quem sabe eu não vou ajudá-la a realizar seu intento?

Ela chegou mais perto e Miguel sentiu um frêmito de emoção.

— Adoraria!

Camilo chegou sobraçando um pacote e se dirigiu aos dois:

— Ah, vejo que já foram apresentados.

Miguel o cumprimentou e, em seguida, Judite o beijou no rosto.

— Papai, seu pupilo é uma graça de pessoa. Permitiu que eu desenhe seu rosto.

— Mais uma cobaia. Está ficando boa em convencer as pessoas a serem retratadas por você!

— Eu vou ser uma cobaia bem-comportada — garantiu Miguel.

Camilo olhou para Miguel e depois passou os olhos para a filha. Sentiu agradável sensação.

— Parece que já vi essa cena antes — disse para si.

O jantar correu de forma agradável. Houve apenas um momento de certo desconforto. Conversavam sobre a fase pela qual o país atravessava. Judite pousou os talheres sobre o prato, passou delicadamente o guardanapo sobre a boca e confessou:

— A minha vontade era de tomar outro avião e regressar a Paris.

— Mas lá as coisas não andam assim tão bem — redarguiu Miguel. — Os acontecimentos do mês de maio abalaram a França.

— E continuarão a abalar, mas sinto que lá teremos mudanças significativas. Aqui, por outro lado, tenho a sensação de que as coisas vão piorar.

— Não creio — retrucou Miguel. — Precisamos trabalhar e ajudar o país a crescer. Os militares estão criando bases sólidas para nos tornarmos uma grande nação.

Ele não percebeu o tom de desagrado no rosto de Judite.

— Não se deixe enganar com o lema de ordem e progresso — advertiu. — Sou a favor da democracia e da liberdade de expressão. Para mim, elas são inegociáveis, mais importantes do que a construção de pontes, estradas e demais obras de grande porte.

— A meu ver — interveio Camilo, sério —, também creio que a situação irá piorar.

— Claro — respondeu Miguel. — Precisamos ter alguém com pulso firme conduzindo a nação adiante. Não podemos conviver com arruaças, bombas e tantos protestos que para nada mais servem além de causar pânico na população.

Judite moveu a cabeça para os lados.

— Pelo visto, temos maneiras bem diferentes de encarar o momento pelo qual estamos passando.

— Por acaso, é comunista? — quis saber Miguel.

— Não. Sou a favor da democracia, sempre.

Camilo percebeu o ambiente beirando o desconforto e sugeriu:

— Vamos até a sala de estar? Acabei de comprar o novo disco da Elis Regina.

— Vamos. Eu a adoro! — Judite exclamou, bebericou um pouco mais de vinho e levantou-se da cadeira.

Miguel fez o mesmo e arrematou:

— Não temos a mesma ideia acerca dos rumos da nação, mas temos o mesmo gosto musical. Também adoro a Elis.

Judite sorriu e os três caminharam para a saleta ao lado.

Passaram momentos agradáveis. Escutaram o LP mais de uma vez e, na hora de se despedirem, Miguel cobrou de Judite:

— Quero ver se vai fazer mesmo o meu retrato ou se falou da boca para fora.

Ela o beijou no rosto e concluiu:

— Pode ter certeza de que vou chamá-lo. Foi um prazer conhecê-lo.

Ele se despediu um tanto acabrunhado. Jamais ganhara um beijo assim, de forma tão espontânea. E ele adorou.

Ela é incrível, refletiu, assoviando, enquanto dobrava a quadra da casa dela, mãos nos bolsos da calça, sorriso fácil nos lábios.

Assim que fechou a porta atrás de si, Camilo comentou:

— Foi impressão ou Miguel lhe despertou interesse?

— Embora tenhamos pontos de vista bem diferentes sobre política, ele é simpático, papai. Não faz tipo como os filhos dos seus amigos acadêmicos. Miguel é espontâneo, engraçado.

— É um dos melhores alunos do curso. Gosto muito dele.

— Ele se parece com Romeu.

Camilo deixou o corpo arriar sobre o sofá, cabisbaixo.

— Não vou negar que ele lembra muito seu irmão, mas é tão diferente...

— Eu também o achei parecido fisicamente com o Romeu. No entanto, conforme conversávamos, mais e mais eu tive a certeza de que os dois são bem diferentes. Romeu era um revolucionário, tinha ideias bem interessantes acerca de economia, divisão igualitária dos lucros. Tinha vontade de juntar-se a Che Guevara, era a favor de uma grande revolução que acabasse com a miséria de grande parte da população.

— Seu irmão era um idealista. Infelizmente, se não fosse... Judite silenciou o pai levando o dedo ao lábio dele.

— Já disse que cada um desenha o próprio destino. Conversamos bastante sobre isso.

— Eu gostaria de entender melhor o porquê. Só isso.

— Não pode se culpar pelas atitudes que os outros tomam. Sei que é seu filho. Era quatro anos mais velho que eu e sabia muito bem cuidar de si.

— Por que foi viajar? Por que saiu daquela festa bêbado e pegou a estrada? Por quê?

Judite o abraçou.

— Era o momento dele. Ponto-final. Já havíamos perdido a mamãe um pouco antes. Sei que não deve ter sido fácil enterrar um filho — ele fez sim com a cabeça, encostada no ombro dela. Judite ponderou: — Dê tempo ao tempo, papai, porque, queira ou não, o tempo passa e precisamos lidar com a saudade. O resto faz parte da vida. Assim é.

— Pode ser.

— Fique feliz que retornei de Paris. Não quero mais viver longe de você. Aos poucos, superaremos a morte da mamãe e do Romeu.

— Tem razão, querida. Às vezes me sinto impotente por não ter feito mais.

— Mais o quê?

— Às vezes, minha mente fica rodando, eu penso que poderia ter evitado o acidente.

— O senhor não é Deus. É apenas um homem.

— Gostaria de sonhar com ele, mas não tenho coragem. Tenho medo de ficar preso ao sonho e não querer mais voltar.

Ela o abraçou com carinho.

— Tudo bem. Não pode obrigar-se a fazer algo que seu coração não deseje, por agora. Eu rezo para ele todos os dias. Quem sabe, um dia, não estaremos todos juntos de novo?

— Acha isso possível?

— Tudo é possível, meu pai. Como dizia um personagem de Shakespeare, há mais mistérios entre o céu e a terra do que a vã filosofia dos homens possa imaginar.

— Tem razão, minha filha.

— A vida é curtíssima. Decerto, logo não estaremos mais aqui.

— Assim espero — Camilo fez um gesto vago com a mão.

CAPÍTULO 19

Uma moça bem magrinha, com sardas no rosto alvo, cabelos alourados balançando freneticamente para os lados, entrou no bar, arfante:

— Entreguei todas as marmitas. Todas!

— Não fez mais que a obrigação — replicou uma voz rouca, ácida. Malvina falou e em seguida acendeu um cigarro, tragando e soltando a fumaça no rosto da garota.

Ela tossiu e resmungou:

— Não gosto quando joga fumaça no meu rosto. Fico cheirando a cinzeiro.

— Cale a boca, mocinha — ela ameaçou a pequena esticando a mão para o alto.

Rubia contorceu-se e levantou as mãos para se defender de um possível ataque.

— Não me bata, mamãe. Eu não lhe fiz mal algum. Não sabia que o tio Edgar estava lá em cima — apontou para o alto, indicando o andar onde moravam.

— Da próxima vez, se a porta estiver trancada, desça e durma no bar. Odeio quando atrapalha meu namoro.

— Desculpe, mamãe. Nunca mais farei isso.

— Agora suba e arrume a casa. Aquele cubículo está nojento, tudo fora do lugar. E tem a sua boneca de pano de uma figa. Ela fede. Um dia eu me livro dela.

A moça fez cara de choro.

— Ela é minha amiga! Não lhe faça mal, por favor.

— Vou pensar no seu caso — Malvina tossiu e fez sinal com as mãos, para Rubia se afastar. — Saia, logo. Vai, vai, vai.

— Sim, senhora.

Rubia mordiscou os lábios e subiu. Entrou no apartamento e sentiu desânimo. Parecia um local que acabara de sofrer um abalo sísmico. Tudo estava fora do lugar, móveis e objetos, roupas espalhadas pelo chão.

Malvina deixava a casa aos pandarecos, sem o mínimo de cuidado. Rubia correu até o canto da sala e abraçou a boneca encardida.

— Você está aqui, princesa.

Beijou a boneca, olhou ao redor, notou um pedaço de tinta que descascava na parede da sala. Por trás, viu a cor escura, resquício do fogo que consumira aqueles cômodos pouco antes de ela nascer.

A mãe nunca lhe contara a história. Soubera do fogo pelos fregueses. Sempre quisera saber por que a mãe tinha feito tanta plástica no rosto, a ponto de Malvina não parecer nadinha com as poucas fotos que guardava do passado. Os cabelos ficaram ralos depois do incêndio e Malvina utilizava ora um lenço na cabeça, ora perucas dos mais variados modelos e cores. Cada dia, um lenço diferente ou uma peruca nova. Continuava atraente, embora os anos começassem a dar claros sinais de que ela já não era mais uma garotinha.

Mesmo assim, Malvina sempre arrumava um namorado, um amigo, alguém para aquecer sua cama. Uma ou outra vez, dava um dinheirinho para o parceiro, do mesmo modo que costumava fazer com Evandro. Só que aprendera a lição: não se deitava duas vezes com o mesmo homem. Nunca mais se envolveria com homem algum. Por melhor que o parceiro se revelasse no encontro, era só uma vez. E pronto.

— Aprendi a lição — dizia a si mesma.

Malvina nunca contou à filha sobre a noite em que o bar quase fora destruído pelas chamas. Coincidentemente, Rubia nascera naquela madrugada fatídica. Quando Rubia veio ao mundo, faltou-lhe oxigenação no cérebro, mínima, mas suficiente para ela crescer com leve limitação intelectual.

Rubia parecia uma moça comum, igual a todas as outras, com exceção de que seu intelecto dificilmente ultrapassaria o de uma garota de dez anos, independentemente de quantos anos ela vivesse. Os médicos recomendaram acompanhamento psicológico. Conforme crescesse e recebesse atendimento adequado, a mente de Rubia poderia se desenvolver um pouquinho, diminuindo a deficiência.

E você acha que Malvina quis seguir as orientações médicas? De forma alguma. Depois da tragédia, não via mais motivos para ter um filho. Engravidara ao acaso e usaria a criança como moeda de troca para arrancar os tubos de Joaquim.

Pensou até em dar a criança para adoção, contudo, depois que o médico falou sobre a falta de oxigenação e os problemas que talvez Rubia enfrentasse ao crescer, mudou de ideia.

— Eu cuido do estrupício — murmurou. — Posso ser implacável com os homens, mas não vou deixar uma criança à míngua. Fazer o quê?

Como sabemos, no dia do suposto roubo arquitetado com Evandro, ela mudou de ideia. Para que marido, se ela poderia ficar com tudo? Dar um tiro em Joaquim não foi difícil, levando em conta a vida que idealizara em poucos segundos.

Quando ela abriu a porta do banheiro e viu as chamas lambendo e abraçando o quarto, Malvina gritou e desmaiou. Um vizinho que passava por ali ouviu o grito e olhou para o alto. Viu as chamas estourarem os vidros e ligou para a polícia.

Os bombeiros chegaram a tempo de retirar Malvina dali com vida. Joaquim já estava morto, e Evandro, ferido, morreu em decorrência do tiro em conjunto à alta dose de fumaça que inalara.

O papagaio, debilitado, foi salvo por um dos bombeiros. A mulher e os filhos apegaram-se ao Mané e tinham muito carinho pelo bichinho. Houve o dia em que o bombeiro precisou relatar a Malvina a situação do papagaio.

Ela, que estava louca para se livrar do Mané, usou de toda sua carga dramática. Encostou o dedo no canto do olho, como a secar uma lágrima inexistente.

— Você e sua equipe salvaram a minha vida e a da minha filhinha. Pode ficar com o papagaio. É o mínimo que posso fazer pelo senhor.

O homem ficou feliz da vida. Malvina, também.

Tinha certeza de que tinha morrido no incêndio. Papagaio fênix? Ressurgiu das cinzas? Deus me livre ficar com aquele bicho de que nunca gostei. Um problema a menos na lista.

Depois de constatarem a morte de Joaquim e Evandro e terem salvado o papagaio, os bombeiros acomodaram Malvina na viatura. No meio do caminho, a bolsa estourou. Como estava bastante machucada por conta dos ferimentos — queimara quase toda a parte direita do corpo —, foi necessário sedá-la e Rubia nasceu por meio de uma cesárea. Houve a limitação de oxigenação e, na sequência, Malvina passou um mês internada para cuidar das queimaduras.

A deficiência mental de Rubia, na época chamada de retardo mental, ocorre quando a inteligência e o conjunto de habilidades gerais do indivíduo estão abaixo da média da população. A manifestação dos sintomas, geralmente, ocorre antes de a criança atingir a maioridade.

De forma geral, os bebês com deficiência intelectual demoram um pouco mais para atingir marcos do desenvolvimento como sentar, engatinhar, andar e falar.

Conforme os anos passam, as crianças precisam de uma educação especial e de outros cuidados importantes. A deficiência intelectual pode variar muito, de algo leve até um problema mais severo.

O caso de Rubia estava no meio-termo. Ela andava e se expressava bem. Quem a visse acharia que se tratava de uma moça um pouco reservada, talvez. No entanto, ao conversar com ela, era nítido o atraso mental. Rubia se comportava como uma menininha. Tinha o desejo por bonecas e estava sempre com uma a tiracolo. Era louca por doces e, às vezes, a voz era bem infantil.

Malvina fora alertada de que a filha teria de receber cuidados especiais. Ela nem quis saber.

— Gastar dinheiro com *isso* — era como se referia à filha. — Nem pensar. Rubia é um estorvo, isso sim. Já estou sendo boa por ter ficado com ela e não tê-la jogado numa lata de lixo. Vou criá-la, dar-lhe comida e um teto. Basta. Ela que aprenda a viver com suas limitações. Se o Todo-Poderoso — desdenhava e apontava para o alto — a fez nascer assim, paciência.

Não tinha um pingo de compaixão pela menina. Quando Rubia parou na terceira série e não conseguia avançar mais, Malvina a tirou da escola e, com dez anos de idade, colocou a menina para trabalhar no bar.

— Ao menos, fará algo útil para ela e para mim. Não preciso pagar salário e fico de olho nela.

Dessa forma, Rubia cresceu atendendo no bar. A Prefeitura começou a desapropriar alguns imóveis no entorno, para a construção da futura linha do metrô, e a freguesia do bar foi diminuindo. Malvina não se deixou abater. Decidiu contratar uma ajudante de cozinha e vender marmitas na região e adjacências. Assim que a hora do almoço se aproximava, Rubia tinha de entregar as encomendas. Vez ou outra, fazia algumas entregas no fim do dia.

Muitos clientes a conheciam desde menina e sabiam de sua limitação. Tratavam-na com carinho e respeito. Só havia um catador de latas que ficava de olho na menina. Osório era esquizofrênico, entrava e saía dos sanatórios. Quando saía, entupido de medicação, mostrava-se dócil e paciente. Entretanto, quando os remédios deixavam de surtir efeito, tornava-se agressivo. Já fora parar na delegacia várias vezes. De lá, era encaminhado para um manicômio e, tempos depois, era solto. Voltava para a região da Sé, seu lar.

Em todo caso, disseram a Rubia que o pai morrera tentando proteger a mulher grávida de um assaltante que entrara no bar e os tentara roubar.

Limitada das ideias, Rubia nada sentia em relação ao pai. Em sua mente infantil, ela cresceu acreditando que o pai fosse um guerreiro e a mãe, por ter sobrevivido à tragédia, transformara-se em sua heroína.

Muita gente acreditou na lorota de Malvina. De tanto contar a mesma história, do mesmo jeito, por anos, a versão dela tornou-se verdade inquestionável.

— Posso brincar com as bonecas? — Rubia quis saber. — Já entreguei as marmitas. Posso?

Malvina suspirou desalentada. Acendeu um cigarro e fez sim com a cabeça. Rubia a abraçou e declarou:

— É a melhor mãezinha do mundo.

Malvina nada disse. Afastou-se da filha e foi atender um cliente que acabara de chegar.

CAPÍTULO 20

Sem tirar os olhos da tela, Judite ordenou:

— Pode relaxar. Por hoje é só.

— Passou tão rápido — observou Miguel.

— Você é gentil. Ficou uma hora sem se mexer e diz que passou rápido.

— É que sua companhia é agradável.

— Embora tenhamos algumas divergências em relação aos rumos que este país está tomando, também prezo a sua companhia.

Miguel se levantou e se aproximou de Judite. Olhou para o quadro e se admirou:

— Sou eu!

— Claro. Achou que eu estava desenhando o rosto do Alain Delon?

Ele riu.

— Já me disseram que eu me pareço com ele.

Judite lhe deu um tapinha nas costas.

— Mentiroso! Está mais para Jean-Paul Belmondo.

— Charmoso. Obrigado.

— Prefiro os charmosos aos bonitões. Não sou fã da beleza de Alain Delon. Prefiro a de Belmondo.

Mais direto que isso, impossível. Miguel sentiu um formigamento pelo corpo e aproximou seu rosto do dela.

— Sabe que, mesmo que não se pareça com a Brigitte Bardot, eu te acho gata?

Judite sentiu-se sem graça e Miguel a beijou. Ela se levantou, largou o pincel e beijaram-se novamente.

— Eu estou gostando muito de você, Judite. Nunca senti nada igual por outra garota.

Ela bateu no braço dele.

— Então, já houve outra! Ou outras!

— Nada significativo. Um namoro de escola, na época do científico, e outro no primeiro ano da faculdade. Como vê, não deram em nada.

Beijaram-se novamente e ele perguntou:

— E você?

— O que tem eu?

— Me fale sobre seus amores.

Judite riu alto. Desvencilhou-se dele e, num gesto gracioso, tornou:

— Namorei alguns anos um rapaz que estudava Sociologia.

— Hum, daí que vêm seus pontos de vista!

— Sim, o André me influenciou bastante. Era um moço inteligente, com uma cabeça incrível. Sempre preocupado com o bem-estar das pessoas.

— Também penso no bem-estar das pessoas. Estudo Economia porque, de alguma forma, quero que o mundo seja mais próspero.

— Você e ele desejam o bem do mundo, mas cada um com pontos de vista bem distintos.

— Eu quero que as pessoas cresçam, tenham acesso ao consumo, possam ter uma vida mais plena.

— Não discordo de você, Miguel. Percebo que tem vontade de mudar o mundo. Está em suas veias. Mas a maneira como você pretende mudar o mundo difere da maneira como eu e André entendemos o que venha a ser o real bem-estar das pessoas. Sou a favor da educação gratuita, de um atendimento médico para todos. Prezo também pela segurança, pelo direito de ir e vir, de liberdade de expressão. Sou contra todo e qualquer tipo de censura.

— Hum, você e esse André têm muitas afinidades. Estou ficando com ciúmes.

— Não precisa.

— Está bem, mas, pelo menos, posso saber onde esse rapaz está? Tenho medo da concorrência.

— Já disse, não precisa.

— Se não estão mais juntos, é porque não tinham tantas afinidades assim.

Judite foi direta:

— André morreu.

Miguel não sabia onde enfiar a cara. Sentiu-se o rapaz mais idiota de todos os tempos. Judite percebeu e desconversou:

— Terminei o trabalho com o seu retrato por enquanto. Vamos tomar um café.

No dia que fora ao cinema, Francisca estava muito feliz. A sessão tinha sido agradável. Ela gostara bastante do filme e, quando ganharam a rua, Carmela teve uma ideia.

— Que tal jantarmos no Gigetto? — antes de elas protestarem, Carmela completou: — São minhas convidadas. É por minha conta.

Francisca e Alcina agradeceram. Alcina acrescentou:

— Eu pago o táxi.

— E eu? — indagou Francisca.

— Você aceita o convite e come — interveio Carmela.

As três riram com gosto. Chegaram ao restaurante e fizeram o pedido: *cappelletti* à romanesca, com molho branco e ervilhas, carro-chefe do restaurante. E vinho para acompanhar.

— Fazia tanto tempo que eu não saía assim — comentou Alcina. — Desde que Mário morreu, tenho me dedicado exclusivamente à pensão.

— Deveríamos sair mais — acrescentou Carmela. — Sinto falta de boas amizades e boa conversa.

— Nunca mais pensou em se casar? — Francisca perguntou a Carmela.

— Depois que Bartolomeu morreu, passei um bom período sem querer saber de me relacionar com quem quer que fosse. Depois de cinco anos que meu marido havia morrido, tive um ou outro amigo, se assim posso me referir a companheiros íntimos.

— Não sente falta de um companheiro? — quis saber Alcina.

— O trabalho com as crianças e os jovens tomou e toma todo o meu tempo. Sinto que a minha vida se realiza à medida que eu me envolvo no trabalho de assistência e promoção do ser humano — Carmela bebericou seu vinho e devolveu a pergunta na mesa: — E vocês, não tencionam se casar de novo?

Alcina bateu três vezes sobre a mesa e reconheceu:

— Meu casamento com Mário foi perfeito. Ele foi o grande amor de minha vida. Não sinto falta de um companheiro, mas sinto a falta dele ao meu lado.

— Vocês nasceram um para o outro — afirmou Carmela. — São almas afins, que estão juntas há muitas vidas.

Alcina sentiu uma emoção forte e uma lágrima desceu pelo canto do olho.

— Mário foi um homem excepcional. Muito mais que um companheiro, ele foi amigo, amante, pai. Era uma figura única.

— E continua a ser — prosseguiu Carmela. — Na dimensão em que se encontra, ele segue a jornada de evolução do espírito.

— Queria sonhar mais com ele. Sinto muita saudade.

— O tempo passa rápido, Alcina. Logo, estarão juntos em outra dimensão, pode acreditar.

— Assim espero.

— Eu não sinto falta alguma do Antero — ajuntou Francisca.

— Acredito que vocês se uniram apenas para trazer Miguel ao mundo. Não sinto que haja tanta afinidade entre você e ele — observou Carmela.

— Tento esquecer que fui casada com ele.

— Precisa aprender a perdoar.

Francisca arregalou os olhos.

— Perdoar? Está dizendo que devo perdoar a canalhice do Antero, só porque não está mais no mundo?

— Não se trata do que ele tenha feito, Francisca. Cada um age de acordo com suas crenças e limitações. Veja que Antero fez o melhor que pôde.

— Fez o que pôde e, se não fôssemos nós a ajudá-la, onde Francisca estaria hoje? Morando embaixo da ponte? — a voz de Alcina denotava rancor.

— De nada adianta julgar as atitudes dos outros. E de que adianta ficar presa a ressentimentos e mágoas? Em nada vão melhorar nossa vida. Por isso — Carmela estava convicta — o perdão é a melhor arma para ficar em paz com nossa consciência.

— Antero não foi digno — comentou Alcina. — Largou mulher e filho para viver uma aventura.

— E veja como a vida de Francisca mudou para melhor depois que ele foi embora — emendou Carmela. — Não dá para negar que sua vida — ressaltou enquanto encarava Francisca — melhorou sobremaneira.

— Isso lá é verdade. Você me deu um bom emprego, tenho uma boa casa para morar e meu filho está se graduando numa das melhores universidades do país.

— Quem sabe a vida não afastou Antero para que todas essas benesses fizessem parte do seu destino? Talvez ele pudesse ser um estorvo e frear o caminho próspero que tem trilhado até aqui.

Francisca quedou pensativa por um momento e Alcina a cutucou de leve:

— Tem um senhor logo ali que está de olho em você.

Francisca ficou vermelha.

— Um homem olhando para mim? Imagina!

Carmela sorriu.

— Sim. Alcina tem razão. Um cavalheiro naquela mesa — apontou — não tira os olhos de você desde que chegamos.

Francisca ficou novamente rubra e Alcina brincou:

— Quem sabe, hoje, não seja o início de uma virada em sua vida?

Francisca bebericou o vinho e, na sequência, o homem se levantou e deixou o restaurante na companhia de mais dois. O garçom se aproximou e entregou uma rosa acompanhada de um bilhete para Francisca:

— Pediram para entregar à senhora.

Francisca sentiu o perfume suave da rosa e abriu o bilhete:

Não vi aliança em seu dedo anular e, por essa razão, deduzo que não seja casada. Sua presença fez meu coração pulsar mais forte. Gostaria de conhecê-la. Meu telefone é 63-28-14. Aguardo ansiosamente seu contato.

Humberto

Carmela esperou que Francisca terminasse de ler, sorriu e sugeriu:

— Vamos celebrar. Um brinde ao amor e suas lindas possibilidades.

As três levantaram as taças e brindaram. Francisca sentiu um nozinho na barriga.

CAPÍTULO 21

O namoro entre Miguel e Judite ia a todo vapor. Ele estava apaixonado e não parava de programar o futuro ao lado da amada.

— Vou me formar mês que vem e, assim que começar meu trabalho na construtora, pedirei sua mão em casamento.

— Estamos juntos há pouco mais de três meses. Não acha que devemos aguardar um tempo maior?

— Para quê? Eu sei que a amo. Muito. Não quero perder tempo com essas bobagens de namoro e noivado por duração indeterminada. Sei que são convenções sociais, mas não me importo com elas. Minha mãe também não se oporia à nossa união.

— Poderão achar que estamos correndo porque estou grávida.

— E daí? Não me incomodo com o comentário dos outros. Interessa o que eu e você sentimos um pelo outro.

— Também concordo. Quero estar mais próxima. Sinto a sua falta.

— Então! — ele a beijou com amor. — Vamos logo correr com os proclamas.

— Antes de tudo, preciso conversar com meu pai.

— E por que não conversamos juntos?

— Boa ideia, Miguel. Papai não vai se opor à nossa união. Ele gosta muito de você.

— E eu gosto muito dele. Camilo, além de excelente professor, tornou-se um grande amigo.

— Depois que papai perdeu o Romeu, fechou o coração. Não expressava mais carinho, senti que seu coração se embrutecera.

— Também pudera. Perder um filho não deve ser algo fácil de aceitar. Eu não sei como seu pai está bem, trabalhando, dando aulas, vivendo normalmente.

— Porque, quando mamãe morreu, pouco antes de Romeu, papai passou a se interessar pelos estudos espirituais. Foi nas leituras edificantes que ele passou a questionar, entender e aceitar a continuidade da vida.

— Eu fui educado com a crença de que a vida continua depois da morte.

— Sua família é espírita?

— Não. Minha mãe é católica. Como sabe, meu pai morreu quando eu era pequeno. Mamãe foi trabalhar para dona Carmela, que é espírita. Foi no convívio com ela que aprendi novos conceitos sobre vida, morte, reencarnação...

— Acredita em tudo isso?

Miguel deu de ombros.

— Não sei ao certo. Às vezes, tudo faz sentido e algo em meu coração diz que as palavras de Carmela são verdadeiras. Outras vezes, a descrença vem forte e eu desacredito tudo.

— Por que pensa assim?

— Veja. Meu pai morreu quando eu era bem pequeno. Nunca sonhei com ele ou tive um contato "espiritual" — Miguel fez aspas com os dedos.

— Provavelmente, não eram tão afins.

— Será? Tenho minhas dúvidas. Você teve contato ou sonhou com sua mãe?

— Não. Nunca sonhei com mamãe. A bem da verdade, não éramos muito ligadas. Mamãe era muito rígida, não gostava de demonstrações de carinho. Ela se dava bem com papai, contudo, tratava a mim e Romeu com distância.

— E quanto a seu irmão?

Judite sentiu forte emoção.

— Sonho muito com o Romeu. Tenho a certeza de que, muitas vezes, ele está ao meu lado.

— Cada qual com sua crença — ele a abraçou e acrescentou: — O melhor, mesmo, é estarmos vivinhos e juntos. Não sei como seria minha vida sem você.

— Não seja dramático.

— Quero viver muitos anos ao seu lado. Tenho a impressão de que a conheço há tanto tempo!

— Vai ver já vivemos juntos.

— Sim. Porque eu a quero só para mim! — Miguel a abraçou novamente e a beijou com amor.

Judite se desprendeu de seus braços, foi até o escritório e voltou de lá com um livrinho nas mãos. Miguel quis saber:

— O que é isso?

— Um livro que papai leu muito, logo depois que mamãe morreu. E, quando perdemos o Romeu, ele passou a ler quase todos os dias.

Miguel pegou o livrinho e leu:

— *A força do pensamento*, de William Walker Atkinson. Interessante.

Judite prosseguiu:

— Atkinson era partidário do Movimento Novo Pensamento.

— Carmela já me falou algo a respeito. Entretanto, nunca fui de me ligar profundamente a questões espirituais.

De maneira didática, Judite explicou:

— O principal ensinamento desse Movimento é que o pensamento se expande e floresce; sendo assim, nosso pensamento tem o poder de criar e modificar nossas experiências no mundo. Há também grande ênfase no pensamento positivo, na autoafirmação, na meditação e na oração.

— É só ter bons pensamentos e está tudo certo? A vida vai mudar e viveremos um mundo cor-de-rosa. É isso?

— Não. Tudo vai de acordo como você interpreta a vida, os acontecimentos, suas experiências. Pode olhar para tudo de forma negativa. Ou, se preferir, de maneira positiva. Você é livre para escolher a maneira como quer enxergar a si e o mundo.

— Prometo que um dia eu vou ler.

— Faça o que seu coração mandar. Não precisamos ser adeptos das mesmas ideias e convicções. Antes de tudo, devemos respeitar a opinião dos outros, respeitá-los e nos respeitar.

— Deveria estudar Psicologia — Miguel sugeriu.

— Gosto de ensinar. Pedagogia tem mais a ver comigo.

Abraçaram-se de novo e Miguel pediu:

— Vamos conversar logo com seu pai? Quero me casar o quanto antes!

Dois dias depois de irem ao cinema e jantarem no Gigetto, Francisca tomou coragem e discou o número do bilhete. Tocou uma, duas, na terceira vez atenderam.

— Residência do senhor Humberto Damasceno. Quem deseja falar?

Francisca hesitou por instantes e colocou o fone no gancho. Mordiscou os lábios.

Ao menos ele deu o número certo.

Discou de novo. A mulher atendeu com a mesma voz:

— Residência do senhor Humberto Damasceno. Quem deseja falar?

Francisca pigarreou e falou:

— Por favor, o senhor Humberto está?

— Não, senhora. Viajou e retorna amanhã. Gostaria de deixar recado?

— Não. Eu ligo outro dia. Obrigada.

Francisca desligou e ficou pensativa. Disse para si:

— Ao menos, é a casa dele. Amanhã, se a coragem ainda permanecer a meu lado, volto a ligar.

Desligou e foi cuidar dos afazeres na casa de Carmela. Dali a dois dias, telefonou. Novamente, a mulher do outro lado da linha fez a mesma pergunta e, para alegria de Francisca — e também certo receio —, Humberto estava em casa e atendeu:

— Pois não?

Francisca demorou um pouco. Pigarreou e indagou:

— Humberto?

— Ele.

— Aqui é Francisca. Você me deu seu telefone no restaurante, no domingo.

Ele abriu largo sorriso.

— Fico muito feliz que tenha me ligado. Antes de mais nada, gostaria de me desculpar pela maneira ousada com a qual a abordei. Não sabia como chegar até a mesa. Eram três mulheres.

— São amigas. Queridas. E, como escreveu no bilhete, não sou casada. Quer dizer, sou viúva. Há muitos anos.

— Folgo em saber.

A conversa fluiu agradável. Marcaram de se encontrar para jantar. Assim que desligou o telefone, Francisca levou a mão ao peito.

— Meu Deus! Estou parecendo uma adolescente. Não me sentia assim há tanto tempo!

CAPÍTULO 22

Malvina desceu as portas do bar com dificuldade. Apanhou uma cadeira e se sentou. Tossiu, acendeu um cigarro e, enquanto brincava com os anéis de fumaça que se formavam tão logo saíam de sua boca, quedou pensativa.

–Os anos se foram e eu não consegui realizar meu sonho, isto é, ser estrela da Atlântida. Além do mais — ela deu de ombros — a companhia fechou. Mas eu posso ir atrás do Oscarito. Ele ainda está na ativa. Também posso contatar o Carlos Manga ou o Watson Macedo. São diretores com os quais eu trabalharia.

— Falando com quem, mamãe? — perguntou Rubia.

Malvina girou os olhos nas órbitas.

— Com o Além, para ver se levam você embora.

— Levar para onde?

— Sei lá, criatura. Foi modo de dizer — ela olhou para a filha de cima a baixo. — Terminou de entregar as marmitas?

— Sim. Todas. Queria um doce.

— Doce engorda e dá cárie. Nada de doce.

— Queria um doce.

— Às vezes, tenho vontade de esganá-la, sabia?

Rubia, em sua limitação de raciocínio, não entendeu. Aproximou-se de Malvina e tentou abraçá-la. Malvina esquivou-se e levantou-se de pronto, indo para o balcão. Abriu o caixa e tirou um punhado de notas. Atirou-as sobre o balcão.

Os olhos de Rubia brilharam, emocionados.

— Mamãe, te adoro.

— Vá e faça hora. Demore para voltar. Vou receber um amigo.

— Sim, senhora.

Rubia apanhou as notas e as dobrou. Colocou o maço na alça do sutiã e saiu pela porta lateral, feliz da vida. Iria até uma *bombonière* ali pertinho, na Praça Clóvis Beviláqua.

Enquanto isso, Malvina subiu até o apartamento para se arrumar.

— Estou cansada da rotina. Preciso amar e ser amada.

Caminhou até o banheiro, despiu-se e abriu o chuveiro. Tomou um banho demorado. Queria estar bonita e cheirosa para o homem que, por algumas horas, poderia chamar de seu.

⸙

Rubia caminhou alguns metros. A praça ficava bem pertinho da Sé. Comprou o doce e, ao sair do estabelecimento, deu de cara com Osório. Ele a viu comendo o chocolate e passou a língua pelos lábios.

De forma inocente, Rubia ofereceu:

— Quer um pedaço?

— Quero.

Ela cortou um tijolinho da barra de chocolate e o entregou a Osório.

— Acho que te conheço — ela disse, voz infantil.

— Vou e volto. Aqui é meu lar.

— Não tem casa?

— Às vezes sim, às vezes não.

Rubia não entendeu e, num instante, seus olhos passaram de Osório para a carroça que ele puxava. Ali havia uma boneca antiga, de pano, quase destruída, mas muito parecida com a boneca encardida que ela possuía. Embora tivesse outras bonecas, a de pano era sua preferida. Os olhos brilharam. Rubia aproximou-se da carroça e tocou na boneca. Como estava segurando o chocolate com uma mão, pegou a boneca com a outra. Ela escorregou da mão de Rubia e foi ao chão. Rubia correu para pegá-la e os seios ficaram à mostra. Osório fixou o olhar neles e ficou excitado.

— Desculpe. A boneca caiu, tadinha. Sou meio desastrada — ela se justificou.

— Não se preocupe. Pode ficar com ela.

Rubia não cabia em si tamanho era o contentamento.

— Jura?

Ele fez sim com a cabeça. E prosseguiu:

— Sabe, onde eu durmo tem um monte de bonecas. Gostaria de conhecê-las?

Ela exultou de alegria.

— Sim! Gostaria.

— Então, me acompanhe.

Rubia abraçou a boneca e terminou de comer o chocolate. Ficou ao lado de Osório e o acompanhou até um beco nos arredores da Rua Santa Teresa, não muito longe dali.

Chegaram. Não havia ninguém ali. Osório guardou a carroça e Rubia perguntou:

— Onde estão as bonecas?

— Ali dentro — apontou para uma portinha que dava acesso a um porão abandonado.

Entraram. O ambiente era úmido e com cheiro de mofo. De fato, havia algumas bonecas e outros brinquedos, quase todos quebrados, espalhados pelo chão. Osório apontou uma boneca grande, de plástico e longos cabelos loiros. Rubia correu e a abraçou:

— Me dá a boneca?

— Dou. Mas antes vamos fazer algo.

— O quê? — ela perguntou de maneira inocente.

Osório a puxou de lado e a deitou com gentileza sobre um colchão encardido. Deitou-se em cima de Rubia e, enquanto puxava o vestido dela para cima, prosseguiu:

— Vamos brincar de fazer boneca?

— Vamos! Eu quero.

CAPÍTULO 23

Francisca consultou o relógio. Eram quase oito horas. Logo a campainha tocou e ela correu para atender. Era Humberto. Estava elegantemente vestido, de terno e gravata. Ele tinha porte atlético, rosto quadrado, cabelos grisalhos, penteados para trás, sorriso resplendoroso.

— Está pronta?

— Sim — ela olhou mais uma vez para o relógio e comentou: — É pontual. Gosto disso.

Ele sorriu.

— Eu também sou fã da pontualidade. Vamos?

Ela apagou a luz da sala, apanhou a bolsinha e as luvas sobre o aparador e, assim que trancou o portãozinho, entrou no carro.

— Que carro mais lindo!

— Gostou?

— Adorei.

— É emprestado. De um grande amigo.

Ela corou e Humberto questionou:

— Ficou chateada?

— Não. De forma alguma. Gostei de sua sinceridade.

Ele deu partida e comentou:

— Na verdade, quando a vi pela primeira vez, estava num jantar de despedida.

— Despedida?

— Trabalhei no governo durante muitos anos, como diplomata. Quando mudaram os escritórios para Brasília, não quis ir. Já estava a ponto de me aposentar. Na sequência, fui convidado para lecionar numa universidade da Guanabara. Mês passado, recebi novo convite, para dar aulas em uma universidade nos Estados Unidos.

— E vai embora quando?

Humberto sorriu, revelando os dentes alvos e perfeitos.

— Deveria ir nesta semana, mas pedi para estenderem o prazo por mais dois meses. Ainda tenho muito o que acertar antes de ir-me embora. Talvez, se tudo der certo, não volte mais.

Francisca arregalou os olhos.

— Por que está me contando tudo isso?

— Porque quero ser sincero. Gostei de você, Francisca. Não temos mais idade para arroubos juvenis. Eu havia desistido de ter uma companheira, contudo, assim que meus olhos prestaram atenção em você, mudei de ideia.

Ela sentiu um calor lhe percorrer o corpo.

— Nunca se casou?

— Sim. Casei-me muito cedo. Éramos dois jovens idealistas, com muita vontade de transformar o mundo num lugar melhor para viver. Infelizmente, conforme o tempo foi passando, percebemos que não nascemos um para o outro. Nós nos separamos.

— Vocês ainda têm contato?

— Não. Ela se casou pouco tempo depois do desquite. Foi morar em algum país da Europa. Perdemos o contato — ele mudou o tom e, antes de estacionar no meio-fio, quis saber: — É viúva há muito tempo?

— Faz muitos anos que meu marido morreu.

— Sente falta dele?

— Vamos descer e, no decorrer do jantar, vou lhe contar minha história.

Entraram no restaurante, fizeram os pedidos e, assim que o garçom serviu as bebidas, Francisca contou sua história, desde os tempos em Portugal, passando pela chegada ao Brasil e terminando com a separação e morte de Antero.

— Deve ter sido difícil para você ter de passar por tudo isso.

— A princípio, me senti usada, tive a sensação de que havia perdido bom tempo da minha vida. Na sequência, fui trabalhar para Carmela, uma pessoa maravilhosa, espiritualizada. Ela muito me ajudou. Aprendi a me valorizar e, dessa forma, pude criar meu filho.

— Quantos anos ele tem?

— Miguel tem vinte e cinco anos. Ele está para se graduar na universidade. E já tem emprego garantido.

— Isso é bom sinal. Uma preocupação a menos.

— Mais ou menos — ela riu. — Filhos nos fazem ficar alertas por toda a vida.

— Tem razão.

— E você, teve filhos?

— Não. Quando me casei, pensei que, dali a alguns anos, pudéssemos ter um ou dois filhos. Não foi o caso. Entretanto, com a vida de diplomata, viajando constantemente ao redor do mundo e, logo em seguida, com a separação, o desejo por filhos foi diminuindo. Acho que não era para ser.

— O que pretende, então, fazer de sua vida daqui adiante?

Humberto pousou a mão sobre a dela. Francisca sentiu novo calor percorrer-lhe o corpo.

— Francisca, tenho dois meses para conhecê-la melhor e, se a minha intuição não falhar, tenho a certeza de que eu e você poderemos nos dar uma nova chance ao amor.

Ele ergueu a taça e anunciou:

— Um brinde às novas possibilidades que a vida nos oferece!

CAPÍTULO 24

Passava das oito da noite quando Rubia chegou próximo do bar. Olhou para o alto e viu a luz acesa no quarto de Malvina. Amarrado à janela havia um lencinho vermelho. Embora possuísse limitação de raciocínio, Rubia já sabia: o lencinho indicava que a mãe estava ocupada, provavelmente na companhia de algum "tio".

— Ela vai ficar nervosa se eu subir. Melhor ficar quietinha aqui embaixo.

Rubia adentrou o botequim. O ambiente estava escuro e ela acendeu a luz. Puxou uma cadeira e, ao sentar-se, notou sangue na parte de baixo do vestido. Subiu a veste e se deu conta de que Osório havia rasgado e arrancado sua calcinha.

Totalmente inocente e sem noção do que lhe acontecera, isto é, de que fora violentada pelo catador de latas, Rubia foi até o banheirinho e limpou-se. Trocou de vestido e, com medo de que Malvina pudesse bater nela ao ver o vestido tingido de sangue, decidiu se desfazer dele e apanhou outro nos fundos da cozinha.

— Não posso deixar mamãe nervosa — repetiu.

Abraçou-se à boneca que Osório lhe dera e murmurou:

— Brincar de boneca. Brincar de boneca...

Quando o amigo de Malvina foi embora, ela desceu e entrou no bar.

— O que faz sentada aí? Falando sozinha?

— Estava brincando de boneca com o...

Malvina a cortou:

— Não me interessa o que estava fazendo. Suba já para o apartamento. Vamos jantar e dormir.

— Sim, senhora.

Rubia jamais tivera uma relação íntima antes e, em sua cabecinha infantil, tinha apenas feito uma brincadeira com Osório. Mesmo que tivesse sentido dor, ela acreditava que aquilo não passava, de fato, de uma brincadeira.

Malvina, com a brutalidade costumeira, mal se deu conta de que a filha fora violentada. Não estava nem aí com Rubia.

Quando ambas se deitaram e adormeceram, Teseu se aproximou e, com docilidade, deu um passe calmante em Rubia. Fez o mesmo com Malvina, arrancando do corpo perispiritual dela uma série de sujeiras astrais. Afinal, Malvina possuía uma mente perturbada e, por que não dizer, tóxica.

Ao terminar de orar, foi surpreendido pela presença de Orion.

— O que faz aqui? — quis saber Teseu.

— Lanterninha de Deus, não se meta onde não foi chamado — devolveu com ironia.

— Não deveria entrar.

— Esta casa não tem proteção. Com a cabeça ruim que Malvina tem, acha que essa sua rezinha meia-boca seria capaz de manter o ambiente em harmonia? Se liga, Teseu.

— Quero saber. Por que veio?

— Vim pelo mesmo motivo que você. Visitar Rubia. Pensa que não a estava monitorando? Sei que a retardada está grávida.

Teseu aproximou-se e levantou o punho. Orion deu um passo para trás.

— Olhe como fala, seu pulha. Rubia não é retardada. Tem atraso mental, pobrezinha.

— Pobrezinha! — Orion gargalhou. — Ainda bem que essa bruxa dos infernos veio assim, tosca, meio sem-noção. Se colocarmos as vidas pregressas dela ao lado das de Malvina, notaremos que Malvina é um anjinho. Esse demônio — apontou para o corpo de Rubia, que dormia placidamente — foi capaz de muitas atrocidades.

— Não precisa me falar sobre o passado de Rubia. Eu o conheço, afinal, fiz parte de muitas existências ao lado dela, mas saiba que a maneira como ela reencarnou no presente serve-lhe como lição para seu crescimento. Lembre-se de que foi ela quem implorou para nascer dessa forma. Rubia sabe que é deveras impulsiva e desejou a deficiência para frear os impulsos.

— Nasceu retardada, mas não esqueceu que sempre foi vagabunda. Sempre se deitando com qualquer um. Veja no que deu. E, se Minos souber que Ariane será filha de um catador de latas com a lerda da Rubia, talvez seja capaz de obsedá-la para provocar um aborto.

Teseu o pegou pelo colarinho:

— Ela não vai abortar. Já escalei um grupo que vai estar ao lado de Rubia durante a gravidez. Nem Malvina será capaz de um ato tresloucado como esse. Aliás, saiba que a vinda de Ariane ao mundo será a tábua de salvação de Malvina. Ao menos, vai amolecer um pouco o coração dela.

Orion gargalhou mais alto.

— Malvina? Mudar? Amolecer o coração? Chega de le-ro-lero. Me conta outra, vai.

— Todos nós temos a capacidade de mudar o nosso jeito de ser. É por isso que voltamos ao mundo.

— Sei. Dãã! — Orion fez uma careta.

Teseu prosseguiu:

— Você bem sabe que a vida na Terra oferece boa chance de progresso.

— Não concordo.

— É um direito que tem. Tudo está certo da maneira como é, porque tudo é de Deus, e Seu poder atua sobre tudo, alimentando e estimulando a vida. E você bem sabe que tudo na vida é feito por meio de escolhas. Obviamente, muitas vezes nos revoltamos, principalmente quando nos deparamos com a desilusão, e nosso coração é duramente atingido. Isso serve para mim, você, Malvina, Rubia e até mesmo Ariane.

Orion escutou e sumiu, raivoso. Teseu aproximou-se de Rubia e, ao passar delicadamente as mãos sobre seus cabelos, asseverou:

— Tudo foi programado e está certo do jeito que deve ser. Passará por momentos difíceis, mas tenha a certeza de que sempre será amparada por amigos que lhe têm muito amor e muita consideração. Não importa o que fez no passado, porque já está escrito. Mas você pode, mesmo com limitações, mudar o futuro. Estou aqui para ajudá-la. Conte comigo.

Rubia virou o corpo e, ao abraçar o travesseiro, seu lábio esboçou um sorriso. Teseu soprou energias revigorantes por todo o apartamento e em seguida sumiu.

CAPÍTULO 25

Ao saírem do cinema, Miguel abraçou Judite e a beijou com ternura.

— Gostou do filme?

— Interessante.

— Apenas isso, Judite? *Planeta dos macacos* já é um clássico. Estão fazendo uma continuação do filme.

— Não me anima ver que, no futuro, poderemos ser escravizados pelos macacos ou mesmo admiti-los como raça dominante. Para mim, o mundo está em constante evolução.

Miguel soltou uma risada alta. Judite rebateu:

— Por que riu? Falei alguma besteira?

— Não é isso. Mas admitir que o mundo esteja melhorando?

— Sim.

— Vivemos uma Guerra Fria, a qualquer momento americanos e soviéticos podem dar início à Terceira Guerra. De

173

mais a mais, temos a confusão no Vietnã e, sem ir tão longe, os problemas em nosso país. O que o futuro nos reserva?

— Mesmo assim, creio que desafios sempre vão surgir. Há cem anos, mais mulheres morriam no parto, havia mais fome, mais guerra, mais doenças. A medicina avançou. As mulheres estão se destacando na sociedade. Hoje eu posso votar, frequentar uma universidade, tomar pílula e evitar uma gravidez indesejada. Estamos sempre indo para a frente.

— É uma idealista. Só tem olhos para o bem.

— Não deixo de olhar para o lado negativo da vida. Há muita coisa para ser ajustada. Todavia, acredito que o bem é inquestionável.

— Há muita violência — Miguel discordou.

— A violência nada mais é do que produto da falta de conhecimento e do orgulho. São ilusões que eventualmente a vida vai destruir. Se olharmos para essas deficiências como desafios, notaremos que a vida sempre vai nos trazer novos desafios, porque, ao enfrentarmos os problemas, nos tornamos melhores.

— Bem pensado.

— O que você, como economista, pensa em fazer para melhorar a vida das pessoas?

— Desejo me tornar um grande empresário. Tenho o sonho de ter muitas empresas, gerar empregos, ajudar as pessoas a terem dignidade, terem chance de crescer na vida.

Ela o abraçou, feliz.

— Tem um bom coração, Miguel. Às vezes, nossas ideias não são afins, contudo, somos pessoas de bem. Queremos um mundo melhor.

— De fato — ele a abraçou e fez a proposta: — Judite, aceita se casar comigo?

Claro que ela já esperava pela concretização da proposta, no entanto, de forma engraçada, devolveu:

— Aceito, mas antes você precisa aprovar o quadro com sua imagem. Se gostar, eu caso. Se não gostar...

— Hum, sei. Quer dizer, estou numa sinuca de bico. Tenho de aceitar de qualquer jeito. Só assim você vai se casar comigo.

— Isso mesmo!

— Espertinha.

Abraçaram-se e beijaram-se. Miguel estava contente demais. Havia terminado a faculdade, arranjado ótimo emprego e tinha condições de começar uma boa vida ao lado da mulher que amava.

Judite, por sua vez, também estava feliz. Estimulada por Miguel e por Camilo, decidira que, depois de se casarem, ela iria abrir uma escola de artes. Em sua mente, Judite queria oferecer cursos pagos e também atender a alunos carentes, sem condições de pagar um curso de pintura.

Chegaram à casa dela e, tão logo ela comunicou ao pai o pedido de Miguel, Camilo exultou de alegria. Abraçou Miguel e lhe deu um tapinha no ombro.

— Seja bem-vindo à família. Sabe como gosto de você. É como um filho para mim.

Miguel emocionou-se.

— Sabe o quanto o aprecio, Camilo. Além de um grande mestre, tornou-se grande amigo.

— E agora será sogro — ajuntou Judite. — Precisamos brindar.

— Antes — Miguel pediu — tem de me mostrar o quadro. É dele que dependerá nosso futuro.

— Vou buscar.

Judite deixou a sala e Camilo quis saber:

— O que foi?

— Logo você vai ver.

Passados alguns minutos, Judite entrou na sala com um quadro embalado em papel pardo. Entregou-o a Miguel:

— Espero que goste. Fiz com todo amor do mundo.

— Não tenho dúvida — ele devolveu.

Na sequência, Miguel desfez o embrulho e, ao ver seu rosto retratado, arregalou os olhos, admirado:

— É surpreendente!

— Obrigada — ela riu.

— Mas é perfeito, Judite.

Camilo aproximou-se e, ao ver o rosto de Miguel retratado na tela, surpreendeu-se:

— Minha filha é uma artista nata. Talentosíssima.

— Tenha certeza disso — assegurou Miguel. — Adorei.

— E então?

— Então o quê?

— Lembra-se de que, se aprovasse o quadro, eu me casaria com você?

— Bobinha. Nem que eu não aprovasse, o que acho difícil, ainda assim, me casaria com você. Mil vezes sim!

— Pois vamos ao brinde — sugeriu Camilo.

Ele foi até a cozinha e voltou com vinho e taças. Brindaram e Miguel comentou:

— Só faltou minha mãe aqui conosco.

— Não tem problema — disse Judite. — Vamos comemorar novamente, ao lado de dona Francisca.

Camilo os abraçou com alegria e, depois do brinde, começaram a estipular os prazos para os proclamas, o enxoval e afins.

CAPÍTULO 26

Apaixonado e louco para se casar, Miguel aceitou com alegria o envolvimento da mãe com Humberto.

— A sua aprovação é muito importante, meu filho.

— Obrigado pela consideração, mãe. No entanto, estou tão feliz que vou me casar e tenho pensado muito sobre você.

— Sobre mim?

— Sim. Ficou viúva muito cedo.

— Você sabe de toda a minha história. Nunca lhe guardei segredos. Seu pai nos deixou e, pouco tempo depois, faleceu. Eu poderia ser uma mulher desquitada se não fosse essa virada surpreendente do destino.

— Não importa. Desquitada ou viúva, ficou anos sem se envolver com outra pessoa. Agora que estou prestes a me casar e me sinto o homem mais feliz do mundo, não entendo por que nunca se casou de novo.

Francisca pousou as mãos sobre as dele e revelou, com carinho:

— Sempre coloquei você em primeiro lugar. Depois que seu pai morreu, logo você se apegou ao Mário.

— Ele era um pai para mim. Fiquei feliz quando você o convidou para ser meu padrinho. Eu o amava muito. Assim como considero Glorinha uma irmã querida.

— Por tudo isso — salientou Francisca —, não tinha vontade de me envolver com ninguém. Tínhamos nossa vida, nossa família, composta por Alcina, Mário, Glorinha e Carmela. Você precisava se concentrar nos estudos, tornar-se um homem de bem. Agora que chegou à maioridade, está para se casar e seguir sua vida, constituir família e tudo mais, decidi me dar a chance de um novo amor.

— Do jeito que me fala, parece que Humberto é um homem de posses.

— Não sei ao certo.

— É diplomata, mãe. Deve ganhar bem, ter boa cultura, ser um homem de reputação ilibada. Além disso, deseja viver nos Estados Unidos. Quer dizer, foi convidado para lecionar em uma universidade norte-americana. E tem mais.

— O quê?

— Camilo já ouviu falar do Humberto. Tem prestígio no meio acadêmico. Começou a carreira no segundo governo de Getúlio. Parece ser boa pessoa.

— Fico contente, filho. Não queria lhe causar nenhum desagrado.

— Deixe disso, mãe. Eu quero ser feliz e também desejo a sua felicidade.

Abraçaram-se e Francisca deixou uma lágrima escapar pelo canto do olho.

— Obrigada.

— Eu é que agradeço. Obrigado por tudo o que fez por mim durante esses anos todos. Eu te amo, mãe.

— Também te amo, filho.

— E quando vai me apresentar meu futuro padrasto?

— Quero oferecer a ele um jantar. Apenas nós três.

— Não acha muito simples oferecer a um diplomata um jantar aqui nesta casa?

Francisca deu de ombros.

— Não escondo nossa condição do Humberto. Ele sabe que batalhamos muito para manter uma vida digna. Temos uma vida boa, mas simples. Ele precisa me aceitar como sou.

— Gostei da atitude!

Malvina terminou de preparar as marmitas e gritou para Rubia:

— Hora da entrega. Desça.

Rubia desceu os degraus bem devagarinho. Ao vê-la, Malvina assustou-se:

— Por que está tão pálida?

— Estava enjoada. O café não me fez bem.

Malvina pronunciou algo indecifrável e insistiu:

— Precisa levar logo essas marmitas. Já passa da hora da entrega.

— Sim, senhora.

Rubia aproximou-se do fogão e, ao sentir o cheiro de comida, teve novo enjoo. Correu até o banheirinho ali do lado. Voltou mais pálida. A ajudante de Malvina comentou:

— Essa menina não está nada bem. Precisa levá-la ao médico.

— Ela nunca foi ao médico. É atrasadinha das ideias, mas saudável.

— Não importa, dona Malvina. A Rubia não está bem.

Rubia aproximou-se das marmitas e, novamente, o enjoo veio forte. Nilza, a ajudante de cozinha, interveio:

— Eu levo as marmitas, dona Malvina. Depois que eu voltar, fico mais um pouco no bar e a senhora leva Rubia ao médico.

Malvina fez um ar de desagrado, mas, diante do rosto pálido da filha, concordou:

— Está bem — acendeu um cigarro e ficou pensativa. Olhou Rubia de cima a baixo. A filha estava um pouco inchada, talvez fossem os hormônios, a menstruação.

Conseguiu marcar consulta com um clínico que era freguês do bar. Tão logo chegaram ao consultório e ele as atendeu, desconfiou.

— A menina Rubia namora?

Malvina soltou um riso de escárnio:

— Essa aí nem sabe o que é isso.

Rubia protestou:

— Claro que sei. É quando o moço brinca com a gente de boneca.

— Como assim? — Malvina alteou a voz.

A menina se encolheu na cadeira e o médico pediu:

— Dona Malvina, por favor, posso examinar a sua filha?

— Qual o problema de eu ficar? Eu coloquei isso no mundo!

— Por favor. Tenho a certeza de que Rubia ficará mais confortável se a senhora nos deixar a sós.

— Está bem. Vou à recepção. Quero fumar.

— Obrigado.

O PASSADO NÃO TEM FORÇA

Assim que ela saiu, o médico aproximou-se de Rubia e começou o atendimento de praxe. Auscultou o pulmão, pediu para ela abrir a boca e outros procedimentos de rotina. Intrigado, indagou:

— Por que disse que namoro é quando o moço brinca de boneca com você?

— Porque é verdade. Eu brinquei.

— Com quem?

— Com o catador de latas.

Jaime, esse era o nome do médico, ficou intrigado. O único catador de latas que conhecia da redondeza era o Osório. Ele havia atendido o moço algumas vezes, principalmente durante as convulsões, decorrentes da falta de medicação adequada. Era Jaime quem, de forma caridosa, encaminhava Osório para um dos hospitais psiquiátricos da capital.

Entretanto, cabe ressaltar que, antes da psicoterapia moderna, os tratamentos psiquiátricos eram mais agressivos e, de certa forma, a população não tinha muita informação sobre doenças mentais e também não havia o olhar mais humano aos pacientes. Eles eram, muitas vezes, rejeitados e abandonados pelas famílias.

Osório era um caso típico. Quando os pais perceberam que ele não batia bem da cabeça, despejaram-no, a princípio, numa clínica paga. Ao perceberem que o adolescente necessitaria de cuidados permanentes no tocante à saúde mental, transferiram-no para o Juqueri, na época, um dos maiores hospitais psiquiátricos do país.

O rapaz passava temporadas no manicômio e, quando havia excesso de gente, superlotação, ele era medicado e convidado a voltar para as ruas.

Jaime, que havia encaminhado Osório recentemente para tratamento, apiedou-se de Rubia. Chamou Malvina de volta ao consultório. Ela tragou o cigarro e o apagou no cinzeiro que havia sobre a mesinha da secretária. Entrou no consultório soltando baforadas, encarou o médico e questionou:

— Então?

— Preciso de um exame somente.

— O que ela tem?

— Quero aguardar o resultado do exame.

— É caro? Não sou rica.

— Fique sossegada, dona Malvina. Esse laboratório faz exames a preço de custo.

— Mas precisa mesmo fazer esse exame?

— Sim, senhora. Além do mais — ele pigarreou —, gostaria de iniciar um tratamento com sua filha.

— Para quê?

— Rubia necessita de acompanhamento médico.

— Só porque é retardada?

Rubia pulou da maca e quis saber, sorridente:

— O que é retardada?

— É o que você é — vociferou Malvina. — Não é normal como os outros.

— Dona Malvina — pediu o médico —, por favor, não fale assim de sua filha. Ela tem pequeno atraso mental. Com medicação e terapia, poderá lidar melhor consigo e com o mundo ao redor.

— Ela não precisa lidar com porra nenhuma — o linguajar de Malvina era de doer. — Eu sei o que é melhor para ela. Vou fazer o exame e, quando o resultado sair, se precisar, você me chama.

— Está certo. A senhora é mãe...

— Isso mesmo. Sou mãe desse estrupício. Sei o que é melhor para ela.

Malvina chamou Rubia e saiu pisando firme. Ganhou a rua e foi puxando a menina pelo braço até chegarem ao bar.

Infelizmente, muitos não aprendem com as oportunidades oferecidas pela bênção da reencarnação. Rubia vivia limitada das ideias, mas porque, antes de nascer, decidira que retornaria ao mundo dessa forma.

Ela fora mulher — e também homem — extremamente impulsiva. Durante vidas a fio, não controlava os impulsos e metia os pés pelas mãos. Matou, morreu, destruiu famílias, se autodestruiu, tudo porque era impaciente e agia sem pensar. Em última vida, ela fora responsável pela morte de Malvina. No astral, houve um encontro para trabalharem o perdão e, depois de muita conversa, decidiram voltar como mãe e filha. Rubia, no seu íntimo, mesmo com as limitações, desejava reconciliar-se com Malvina.

Já Malvina... Depois que reencarnamos, nem sempre seguimos o que decidimos fazer antes de nascer. Muitos se envolvem na energia do planeta e se deixam levar pelo sentimento de ódio, de vingança, esquecem que haviam prometido adotar nova postura diante daqueles que lhes fizeram mal de alguma forma.

Quem escolhe o mal vive na maldade. A pessoa só colhe o que planta, seja hoje, ontem, duzentos anos atrás. Portanto, ninguém é vítima. Cada um é responsável pelas suas atitudes e são elas que irão determinar os fatos e situações diversas que a pessoa atrai em sua vida.

O recado para Malvina estava claro: nenhum de nós sofre nada além da nossa necessidade de aprender. Por esse motivo, se você aprende pela inteligência, certamente vai se poupar de muitos sofrimentos.

CAPÍTULO 27

Houve simpatia imediata entre Miguel e Humberto. Conversaram sobre vários assuntos e, no fim do jantar, Miguel, como "homem da casa", declarou:

— Minha mãe merece ser feliz. Que vocês sejam felizes!

— Obrigado — respondeu Humberto.

— Você só pretende se casar no meio do ano que vem — tornou Francisca. — Pela lei brasileira, não podemos nos casar. Humberto é desquitado. Futuramente, vamos nos casar nos Estados Unidos. No entanto, gostaríamos de reunir as pessoas de nosso convívio para selar nossa união, antes de irmos embora.

— Podemos antecipar e fazer uma única festa, mãe.

— Gostei da ideia — animou-se Humberto.

— Você mal se formou, vai começar a trabalhar. Não acha mais prudente esperar pelo meio do ano?

— E perder essa chance de fazermos uma única festa? Não.

— Precisa conversar com Judite, meu filho. Ela tem de concordar.

— Judite está com tanta vontade de casar que, se dependesse dela, estaríamos juntos desde já.

— Pois bem — interveio Humberto. — Vamos aguardar as festas de fim de ano e, em seguida, decidimos.

— Por mim — acrescentou Miguel — podemos decidir agora mesmo. Quando você precisa se apresentar à universidade norte-americana, Humberto?

— Início de março.

— Portanto, vamos nos casar no fim de fevereiro, mãe. Aproveitamos a festa para celebrar a união de vocês. O que me diz?

Francisca aquiesceu:

— Se você e Humberto estão de acordo, também concordo.

— Então, deixe-me ligar para Judite. Ela vai adorar a notícia.

꧁ ꧂

De fato, Judite adorou a notícia, embora tenha sentido um friozinho na barriga.

— A ideia é ótima. Entretanto, não sei se teremos tempo de fazer tudo em dois meses.

— Claro que teremos. Mamãe vai ajudá-la com os preparativos. Não queremos uma festa grandiosa, apenas uma recepção para as pessoas do nosso convívio.

— Quero que tudo seja simples.

— Tudo vai correr bem, meu amor. Confie.

— Eu o amo tanto!

— Eu também, Judite. Seremos muito felizes.

Assim que Miguel desligou o telefone, bateram à porta. Era Carmela. Foi recepcionada com carinho e logo Francisca fez questão de levá-la a um canto e desabafar:

— Estou com medo.

— Medo de quê?

— De que não dê certo. Você bem sabe, meu casamento não foi um mar de rosas. Levei anos para me recuperar do abandono e da traição de Antero.

— Perdoe.

— Como?

— Já lhe disse, Francisca. Precisa perdoar a Antero e a si mesma também.

— Eu já o perdoei.

— Não é o que sinto. Ainda percebo um grande nó de mágoa em volta do seu coração.

Os olhos de Francisca marejaram. Ela se deu por vencida.

— Não foi fácil. Se não tivesse recebido sua ajuda, não sei como teria sido minha vida.

— Ora, como saber o que não aconteceu? E "se" isso, e "se" aquilo? De que adianta ficar presa a situações que poderiam ter acontecido e não se concretizaram? Isso só serve para ficarmos paralisados, nubla a nossa capacidade de discernimento, de perceber o que é bom ou ruim para a vida.

— Será?

— O perdão liberta, Francisca. Lembre-se de que, se ainda sente mágoa, é porque não perdoou, nem a si, tampouco a Antero.

— Conforme os anos foram passando, fui-me esquecendo de tudo o que Antero me fez. No mais, me sinto burra por ter acreditado em um homem que só atrapalhou a minha vida. É mais difícil eu me perdoar.

— Esse nó contra si mesma precisa ser desatado. Se continuar presa a esse sentimento, poderá ficar doente. É o que quer?

— De forma alguma. Agora que minha vida parece ter dado uma boa virada e me mostrado que é possível ser feliz...

— Pois é. Veja como a vida lhe sorri. Abrace a oportunidade de ser feliz de verdade. Limpe seu coração de mágoas e ressentimentos. Acima de tudo, perdoe a si mesma. Afinal, saiba que sempre fez o melhor que pôde.

Francisca concordou, mexendo a cabeça para cima e para baixo. Carmela prosseguiu:

— Apenas o perdão é capaz de nos libertar e nos guiar rumo à felicidade.

Francisca abraçou-a.

— Obrigada, minha amiga. Suas palavras tocaram fundo meu coração. Prometo que vou me olhar com mais amor e carinho. Vou manter meu coração livre de todo e qualquer ressentimento.

— Tenha a certeza de que, agindo dessa forma, fará um bem enorme a si mesma e às pessoas que ama.

CAPÍTULO 28

Não levou muito tempo para Malvina perceber o que acontecia com Rubia. Primeiro foram os enjoos e, em seguida, a barriga começou a crescer.

Quando constatou que a moça estava grávida, Malvina teve um surto e lhe deu uma surra. Por pouco, Rubia não perdeu a criança. Por sorte, Nilza, a ajudante de cozinha, entrara no meio da confusão e, mesmo levando alguns sopapos, conseguiu intervir.

Acuada num canto, sem entender ao certo o por que apanhara daquele jeito, Rubia murmurava:

— Não me bata mais, mamãe.

Nilza empurrou Malvina para um canto.

— A senhora vai matar a menina.

— Antes matasse. Esse estrupício só entrou na minha vida para me fazer sofrer. Não sei por que a criei depois que a tive. Deveria tê-la dado para adoção ou jogado no lixo.

— Não diga uma coisa dessas, dona Malvina. Um filho é presente de Deus.

— Esse veio com defeito. A gente não devolve produto com defeito? E não recebemos outro, novinho em folha? Por que não pode ser o mesmo com criança?

— Não fale assim. Rubia não tem culpa de ser assim.

Malvina cuspiu no chão, uma maneira própria que tinha para revelar sua indignação com determinada situação ou pessoa.

— Eu não vou permitir que ela tenha essa criança. Vai que nasce torta como ela.

— A senhora está nervosa. Vamos tomar uma água com açúcar.

— Vamos. Não posso olhar para essa criatura. Tenho vontade de bater nela de novo.

— Por favor, venha.

Nilza passou a mão sobre os cabelos em desalinho de Rubia.

— Querida, espere um pouco. Vou levar sua mãe para baixo e já volto.

Rubia apenas assentiu e continuou acuada no canto da sala. Nilza foi à cozinha e serviu a Malvina um copo d'água com açúcar. Em seguida, desceram para o bar.

Orion aproximou-se de Rubia e lhe deu um passe calmante. Teseu apareceu na sequência.

— Que negócio é esse de me perseguir? Virou obsessão? — indagou Orion, irônico.

— De forma alguma. Só vim atrás para saber o que anda fazendo no planeta.

— Atormentando uns e ajudando outros.

— Ajudando? — Teseu estava perplexo.

— Ajudando, sim. Eu quero que Rubia fique bem. Ela precisa ter essa criança. Sabemos disso.

— Sim. Mas não precisa ficar pajeando Rubia.

— E você iria pajeá-la? Se não fosse eu a intervir e jogar Nilza no meio das duas, Malvina era bem capaz de provocar um grande estrago em todo nosso projeto.

— Que projeto? Acha que, se Ariane não retornar, seus planos serão malogrados?

— Ela tem que renascer. Eu e Minos apostamos nela. Ela será nossa representante na Terra.

— Que ideia mais estapafúrdia! Antes, você não queria que ela nascesse. Agora, ela será seu troféu?

— Mudei de ideia. Espere e verá.

Orion novamente enviou boas vibrações para Rubia e sumiu no ar. Teseu aproximou-se dela.

— Tudo vai dar certo.

Alheia em seu mundo e sua dor, Rubia abraçou-se às pernas e assim permaneceu, por um longo tempo.

O casamento de Judite e Miguel, assim como a união de Francisca e Humberto, aconteceu num dia ensolarado, nos jardins da casa de Humberto, cuja cerimônia fora conduzida por um padre amigo de Carmela. Ele fez um lindo discurso acerca do amor e do companheirismo. Miguel emocionou-se e, ao colocar o anel no dedo anular da futura esposa, fez os votos de amar Judite por toda a vida.

Na época, a igreja não tinha autorização para casar pessoas separadas. De forma delicada, depois de celebrar o casamento de Judite e Miguel, o padre abençoou a união de Francisca e Humberto.

Após a cerimônia, os convidados foram conduzidos para mesas ao redor da piscina e uma equipe de garçons serviu o almoço.

Dali a dois dias, Francisca e o companheiro partiram para sua nova vida nos Estados Unidos. Como tudo acontecera mais rápido do que o habitual, Miguel e Judite não tiveram tempo de encontrar um imóvel para iniciarem a vida de casados.

Camilo ofereceu a casa para os dois viverem até Miguel poder dar entrada na compra de uma casa. Humberto, num gesto simpático, também colocou à disposição a própria casa para Judite e Miguel iniciarem a vida de casados.

Assim que embarcaram, Judite e Miguel se mudaram para a casa de Humberto.

Começava uma nova fase na vida de Miguel. O emprego na construtora ia bem, mas o jovem desejava ter seu próprio negócio. O país vivia sob um forte esquema repressivo, contudo, o novo presidente chegou ao poder e procurou passar a imagem de que tudo corria bem. Para tanto, o governo aproveitou o clima de euforia que se instalara com a conquista do tricampeonato mundial de futebol e, surfando nessa onda de alegria e otimismo, mostrava à população que a perda das liberdades civis podia ser compensada por uma crescente modernização.

A indústria da construção cresceu sobremaneira. Milhões de moradias eram financiadas pelo Banco Nacional de Habitação, e Miguel, desejoso de crescer, juntou-se a um colega engenheiro e abriram uma pequena construtora. Viviam o início do que se conheceu como "milagre econômico".

Na sequência da abertura da empresa, Miguel afundou-se em trabalho e, três meses depois de casados, Judite engravidou. Miguel exultou de alegria.

— Meu herdeiro vai nascer. Quanta emoção!

— Calma — devolveu Judite, sorriso nos lábios. — Pode ser uma herdeira.

— Não. Eu tenho a certeza de que teremos um menino. E assim vai ser.

— Por quê?

— Porque eu consigo tudo o que desejo — respondeu, num tom levemente arrogante.

Judite não gostou da maneira como ele falara:

— Cuidado com a soberba. Um pouco de modéstia não faz mal a ninguém.

— Não preciso de modéstia. Eu posso ter o que quiser. E decreto, neste momento, que vamos ter um filho. Homem!

Judite sentiu certo desapontamento. A cada dia que passava, Miguel se distanciava do jovem cheio de ideias e com forte desejo de se tornar um homem de negócios com bom coração. Ela acreditava que não havia necessidade de endurecer o coração para se tornar uma pessoa de destaque e sucesso no mundo dos negócios.

A fim de tentar amolecer o coração do marido, certo dia, foi à sede da pequena construtora, no centro da cidade, e prendeu o quadro com a imagem que fizera de Miguel na parede atrás da mesa de trabalho dele.

Num primeiro momento, Miguel não gostou da novidade. Aliás, não gostava de ser pego de surpresa. Repreendeu a esposa na frente da secretária:

— Não faça mais isso.

— O quê?

— Trazer coisas para meu escritório sem me pedir autorização.

Judite estava indignada.

— O que é isso? Agora eu, sua esposa, preciso pedir autorização para trazer *coisas*? — enfatizou. — Além do mais, esse quadro — apontou — não é uma coisa, mas algo que fiz com todo o amor do mundo. Insensível.

Judite saiu do escritório estugando o passo. A secretária meneou a cabeça para os lados e Miguel, num ato de pura rebeldia, arrancou o quadro da parede e exigiu, gritando com a secretária:

— Leve esse quadro para o depósito. Não quero vê-lo aqui.

— Sim, senhor — a secretária concordou e obedeceu à ordem do patrão.

Num canto da sala, Orion se divertia.

— Quero ver você perder a compostura, Miguel. A chegada do rebento já está mexendo com seu espírito. Serão nove meses de pura rebeldia, alegria e êxtase.

Teseu surgiu na frente dele.

— Acha que perturbar Miguel vai mudar alguma coisa?

— Não sei — respondeu Orion. — Mas, como não posso perturbar a grávida, porque ela tem proteção, vou desequilibrar esse infeliz. Veja como Miguel mudou bastante depois que a mulher engravidou. Por que será? Eu mesmo respondo — a ironia na voz de Orion era evidente. — O filho que está voltando é o mesmo que destruiu o pai na última vida.

— E daí?

— Daí que Miguel sente a presença do inimigo rondando-o. Por isso mudou o jeito de ser desde que Judite engravidou. Se eu puder, vou atiçar ainda mais o brio de Miguel. Quero que ele se torne um homem cruel, vingativo.

— Não vou permitir.

Orion bateu palmas.

— Não adianta você querer permitir ou não, curimbaba da luz. Você não apita nada aqui. Eu só envio ideias ao Miguel. Se ele as capta, problema dele.

— Farei de tudo para que ele não se entregue à perturbação mental.

Orion deu de ombros.

— Não adianta. Depende dele. Se ele fosse mais forte, não tivesse essa cabeça dura, quem sabe... Além do mais, sabemos que, se tudo caminhar conforme planejado, eu poderei me aproximar ainda mais dele.

Teseu avançou e pegou Orion pelo colarinho.

— Por que deseja tanto mal a ele? Por acaso, Miguel lhe fez alguma coisa no passado?

Orion se desvencilhou e, antes de sumir, bradou:

— Você não tem nada a ver com a minha vida. Dela, cuido eu. Idiota.

Teseu meneou a cabeça e limpou o ambiente das energias pesadas que Orion ali deixara. Em seguida, aproximou-se de Miguel e lhe sussurrou:

— Não dê abertura às investidas de Orion. Saiba que na vida há apenas dois caminhos, o caminho do bem e do mal. Se você se mantiver no negativo, dará vazão ao mal. Saia dessa sintonia.

Miguel não captou as ideias e Teseu, triste, partiu.

CAPÍTULO 29

Quando as contrações vieram fortes, Rubia foi internada no hospital e foi necessário fazer uma cesárea. Ariane veio ao mundo numa tarde chuvosa.

Antes mesmo que a criança nascesse, Malvina já havia traçado o destino de Rubia. Conseguira um laudo que atestava sua filha ser incapaz de criar o bebê que acabara de dar à luz.

Dessa forma, Malvina conseguiu que a filha fosse internada num hospital psiquiátrico. Malvina tinha a certeza de que era tarde demais para que Rubia pudesse ter algum avanço no tocante às limitações. Outro ponto era que ela, Malvina, não tinha a mínima vontade de cuidar da filha.

— Ela sempre foi um estorvo. Nunca deveria tê-la tido. Enfim, agora, tudo me favorece a trancafiá-la num manicômio.

Na verdade, Malvina estava jogando a filha num depósito de gente esquecida e sem condições de lutar por melhores tratamentos ou um acolhimento digno. As instituições públicas não eram lugares adequados para tratarem pessoas com distúrbios emocionais.

Para surpresa de muitos, no entanto, inclusive de Nilza, a ajudante de cozinha, Malvina, envolvida pelas emanações energéticas de Orion, decidiu criar a neta.

Foi durante um programa exibido na televisão, um teleteatro, que Malvina tirou o nome do bebê. A cada semana, na emissora, uma história da mitologia grega era dramatizada por atores renomados e apresentada ao público. Naquela semana, em particular, a história girava em torno da filha do rei de Creta, Minos. Ela ajudava Teseu, o seu amado, a fugir do labirinto em que habitava o Minotauro.

— É isso. Você vai se chamar Ariane — comentou, olhando para o berço. — Gostei do nome.

Impossível saber se o nome fora escolha de Malvina ou se ela tinha sido influenciada por Orion. Cabe ressaltar que, durante toda a gravidez de Rubia e também agora, Orion se comportava como um protetor, um anjo da guarda, não permitindo que nada nem ninguém tivesse ou achasse meios para perturbar Rubia, Malvina ou a pequena Ariane.

Teseu apareceu num determinado dia para ver como estava a adaptação da pequena no mundo. Surpreendeu-se ao ver Orion fazendo guarda na entrada do bar.

— Se continuar assim, vou pedir para o convidarem a trabalhar comigo, no lado da luz.

— O pirilampo acordou de bom humor hoje — devolveu Orion.

— Eu fico impressionado com a maneira como você age diante das situações.

— Não entendi. Por quê?

— Ora. Você vive nas profundezas do globo, num lugar úmido, escuro e malcheiroso. Há séculos vem se especializando em perturbar o próximo. Agiu assim com Antero e agora também atormenta Miguel.

— E daí? Miguel é influenciável. É diferente. Vocês tentaram protegê-lo durante todos esses anos, do mesmo modo como estou fazendo agora com Malvina e Ariane.

— Embora, no caso de Ariane, saiba que você está agindo assim a mando de Minos.

— Novamente, e daí? Os fins não justificam os meios? Não importa o motivo pelo qual estou aqui, de guarda. O que vale é a intenção. Estou aqui para protegê-las e assim o farei.

— Acho muito digno. Concordo com sua ajuda. Aliás, creio que, agindo assim, você está dando um passo decisivo na sua jornada evolutiva.

Orion fez um gesto vago com a mão.

— Qual nada! Vivo no umbral desde antes de este país ter sido colonizado. É tanto tempo que, quando ultrapassei os trezentos anos ali, parei de fazer contas.

— Sei que não sai de lá por causa de Minos.

— Não lhe interessa o motivo pelo qual não saio. É problema meu.

Teseu aproximou-se e abriu um largo sorriso.

— Eu gosto muito de você, Orion. Muito. Sabe que, embora não reencarnemos há muito tempo, eu ainda o considero um irmão.

Orion arregalou os olhos, surpreso.

— Por conta de nossa última experiência terrena juntos, eu ainda o admiro e respeito. E gosto de você... porque simplesmente gosto. Sentimento não se explica. É o sentir que fala sempre mais alto. Eu sinto um enorme carinho por você. Acima de tudo, respeito o seu jeito de ser. Nunca o recriminei.

Teseu sumiu e Orion sentiu uma emoção que havia muito não sentia. Teseu falara a verdade, fora sincero. O problema é que eles viviam em ambientes completamente distintos. Enquanto Teseu vivia entre os espíritos de luz, os iluminados, os que faziam o bem a si mesmos e ao mundo, ele ainda permanecia preso a um mundo sombrio, frio e que não levava em conta os sentimentos dos seres.

À sua maneira, Orion aguentava todo aquele universo sinistro não porque se sentia poderoso, mas porque podia estar ao lado de Minos. Talvez o sentimento que nutria pelo grande líder fosse muito maior do que pudesse imaginar ou, até mesmo, administrar.

Orion tinha uma admiração por Minos que ultrapassava a linha da sensatez. E ele, cuja última experiência terrena se dera havia mais de quatrocentos anos, ainda carregava no espírito o peso cruel do preconceito. Morrera justamente por causa do preconceito. Ainda lhe era muito difícil aceitar os desejos e as vontades da alma.

Ele empurrou o pensamento com a mão e foi ter com Minos. Encontrou-o sentado atrás de uma grande escrivaninha, incrustada em osso. Assim que adentrou o salão, Minos levantou os olhos.

— Como está Ariane?

— Bem — respondeu Orion.

— E a doidivanas da Malvina? Livrou-se da filha idiota?

— Sim. Claro que Malvina tem livre-arbítrio, mas eu ajudei na separação entre mãe e filha. Malvina, por sua vez, percebe a ligação passada com Ariane e está se apaixonando pelo bebê. Claro que, vez ou outra, eu estimulo sua memória passada para se lembrar dos laços afetivos que a unem a Ariane.

— Ótimo. Quero que ela cresça e faça tudo o que quero.

Minos levantou-se da mesa e chegou bem perto de Orion. Dava para sentir seu hálito quente e Orion sentiu o corpo tremer. Minos o encarou e afirmou:

— Eu só tenho você. É a única pessoa em quem confio. Não me decepcione.

— Pode deixar. Jamais irei desapontá-lo.

— Obrigado.

Minos o abraçou com força e Orion, por pouco, não o beijou. Segurou-se o quanto pôde e, assim que Minos deixou o salão, ele sentou-se e respirou fundo.

— Preciso me controlar — disse para si. — Além do mais, está claro que Minos ainda ama Ariane, desde quando ela fora sua filha. Mas também está bem claro que ele nada sente por Malvina. Ainda bem. Entretanto, não posso revelar o que sinto. Tenho medo de que ele acabe comigo e me destrua.

CAPÍTULO 30

Judite chegou à casa de Carmela e foi recebida com efusividade.

— Entre, querida — convidou Carmela. — A barriga está meio grandinha. Venha e sente-se.

Ela caminhou até o sofá, apanhou algumas almofadas e fez com que Judite se sentasse de forma a acomodar o barrigão. Judite agradeceu:

— Obrigada.

— Estava terminando de preparar um chá de camomila. Aceita?

— Sim.

Carmela foi à cozinha e, ao voltar, trouxe uma bandeja com bule, xícaras e açúcar. Serviu Judite e serviu-se em seguida.

Antes de Judite falar, Carmela sorriu e começou:

— Sei por que está aqui.

Judite bebericou seu chá e questionou:

— Sabe? Mas nem comecei a falar!

— Eu vejo sua aura e percebo que está agitada.

— De fato. Desde que engravidei, tenho tido picos de pressão alta.

— Está controlando?

— Sim. Vou ao médico regularmente. A gravidez parece ir bem. O que me preocupa é Miguel.

— Conte-me. O que se passa?

— Miguel mudou sobremaneira desde que engravidei. Era mais carinhoso, mais companheiro. Desde que montou a construtora, anda nervoso, está sem paciência. É como se o fato de eu estar grávida o deixasse mais irritado.

— Procede.

— Como assim?

— A criança que está por vir faz com que Miguel apresente esse comportamento, digamos, diferenciado.

— Não entendo, Carmela. Como pode um feto influenciar o humor, o comportamento de alguém?

— Claro que nós todos somos influenciáveis, num grau maior ou menor. No entanto, a maneira como lidamos com nossos pensamentos é o que conta. Veja que o pensamento é uma força poderosíssima. Quando você pensa, você cria. Logo, se você imagina estados de tristeza, de aflição, só vai criar situações que produzem mais tristeza, mais aflição e trazem coisas ruins. Se, por acaso, estiver se sentindo assim, tenha fé e certeza de que Deus está cuidando de todos nós.

— Procuro ter bons pensamentos, mas, toda vez que Miguel me abraça, sinto que procura se afastar de mim o quanto antes.

— O espírito que está para nascer tem diferenças a acertar com Miguel. Seu marido, por ora, não tem clara noção disso.

— O que posso fazer para que essa rejeição diminua?

— Agora, só pense no seu bem-estar e no bom desenvolvimento da criança. Quando ela vier ao mundo, de fato, veremos como a vida vai dispor os fatos.

— Pensarei nisso.

A campainha tocou e logo Glorinha estava junto a elas. Conversaram sobre vários assuntos e, ao se despedir delas, Judite teve forte emoção. Abraçou Glorinha e anunciou:

— Quero que seja a madrinha do meu filho.

Glorinha emocionou-se.

— Não tenho palavras para expressar a emoção que me acometeu neste momento.

— Não diga nada. Apenas aceite o convite.

— Claro que aceito. Embora essa criança — acariciou a barriga de Judite — vá ter uma mãe maravilhosa.

Judite a abraçou forte mais uma vez e, olhando bem em seus olhos, pediu:

— Prometa que, se acontecer alguma coisa comigo no futuro, você se encarregará da criação do bebê.

— Ora, Judite. Nem pense uma coisa dessas. O momento agora é de alegria e esperança.

Judite pegou nas mãos de Glorinha e insistiu:

— Promete?

— Sim. Se isso vai deixá-la mais aliviada, sim. Prometo.

Assim que Judite entrou no carro e partiu, Carmela comentou:

— Teremos tempos de grandes transformações.

— Procurei acalmá-la, mas senti o mesmo — ajuntou Glorinha.

— Procuremos não nos afligir, pois a aflição é um claro sinal de falta de confiança na vida. Precisamos ter fé na vida, em Deus. É isso que nos dá força.

Glorinha assentiu e nada comentou.

Judite amanheceu sentindo grande tontura. Tocou levemente o braço de Miguel, que dormia a sono solto. Ele não respondeu. Ela, então, o segurou com firmeza e o chamou com a voz alteada:

— Miguel.

Ele abriu os olhos e tateou ao redor. Olhou para Judite e quis saber:

— O que foi?

— Estou com muita tontura. Tenho a sensação de que minha pressão está desregulada. Poderia me levar ao hospital?

Miguel levantou-se da cama num pulo. Vestiu-se de forma apressada e Judite pediu:

— Pegue a mala do bebê.

— Mas ainda falta um mês.

— Estou com forte sensação de que nosso filho vai nascer.

— A bolsa não estourou e...

Judite o cortou, séria:

— Por favor, Miguel. Faça o que peço.

Ele concordou e, em meia hora, estavam na Maternidade Condessa Filomena Matarazzo, no bairro da Bela Vista, considerada uma das melhores maternidades da América do Sul naqueles tempos.

Depois de ser prontamente atendida, Judite desmaiou. Foi um corre-corre danado. Médicos e enfermeiros a conduziram direto para a emergência.

Miguel, extremamente nervoso, ligou para Carmela. Cerca de meia hora depois, ela e Glorinha estavam na maternidade.

— O que aconteceu? — interrogou Carmela.

— Ela desmaiou. Depois, um dos médicos veio conversar comigo e disse que a pressão dela foi para as alturas. Vão tentar baixar com medicamentos e fazer uma cesárea.

— Vai correr tudo bem — encorajou-o Glorinha.

— Nunca me senti assim antes — ele admitiu. — Estou com uma sensação horrível no peito, Glorinha.

Ela o abraçou e, enquanto isso, Carmela dirigiu-se à capela de Santa Luzia, dentro do complexo hospitalar. Fez uma sentida prece e, em instantes, percebeu a presença de um espírito amigo. Era Teseu lhe dando forças.

— Tenho a sensação de que algo ruim está acontecendo.

Teseu aproximou-se dela e afirmou:

— Deus faz tudo certo e está cuidando de tudo. Saiba que o fundamental foi programado para acontecer dessa forma. Lembre-se de que o amor ultrapassa todas as barreiras e mantém as pessoas unidas pela eternidade. O amor, sem dúvida, é a força mais importante e mais forte do universo.

— Concordo. Apenas gostaria que pudesse acalmar o Miguel. Não sei o que ele será capaz de fazer.

— Vou até ele — avisou Teseu por fim.

Ele deu um passe calmante em Carmela e foi até Miguel. Assim que se aproximou, notou a grande perturbação mental. Enviou-lhe vibrações de amor e paz. Em seguida, foi até a sala de emergência onde Judite estava.

Os médicos fizeram tudo para Judite ficar bem e ter o bebê. Entretanto, ela entrou em coma e fizeram um parto de emergência. A cesárea foi realizada e o bebê veio ao mundo. Embora com oito meses, nascera saudável.

Os médicos avisaram Miguel sobre o nascimento do filho e as condições de Judite. Pediram que ele tivesse calma, pois uma equipe de renomados especialistas estava fazendo o possível e o impossível para que Judite pudesse retornar do coma sem sequelas.

Não foi o que aconteceu. Na madrugada do dia seguinte, Judite faleceu. Miguel começou a chutar cadeiras, teve um acesso nervoso e foi preciso medicá-lo para que pudesse se acalmar.

CAPÍTULO 31

Durante a reprise de um clássico de Oscarito na televisão, Malvina teve uma ideia. Olhando da tela para Ariane, que dormia placidamente no berço, ela comentou:

— Sabe, querida, a vovó sempre quis ser atriz. Achava que um dia iria contracenar com Oscarito, ser estrela da Atlântida, mas a vida não quis assim. A Atlântida acabou, o Oscarito morreu e eu estou envelhecendo.

Ariane continuava dormindo feito um anjinho e ela prosseguiu:

— Sei que não posso mais me tornar uma atriz, no entanto, as esperanças agora recaem sobre você. A vovó vai fazer de tudo para você ser uma grande atriz. Ou manequim. A vovó vai te fazer famosa. Pode acreditar.

Malvina acendeu um cigarro e, enquanto brincava com os anéis de fumaça que saltavam dos lábios, começou a imaginar como iria planejar a vida da neta dali em diante.

Quando os médicos informaram Miguel da morte de Judite, Glorinha se encarregou de pegar o bebê. Ouviu todas as recomendações médicas e partiu para casa. Nesse meio-tempo, Alcina adaptou um dos quartos da pensão para receber o pequeno.

Triste, não sabia como informar Francisca sobre o ocorrido. Carmela decidiu:

— Poderemos ligar depois que o bebê estiver confortavelmente instalado e Miguel resolver o que irá fazer da vida.

— Ora, ele vai criar o filho. Simples assim.

— As coisas não são bem assim, Alcina. Miguel está e ficará revoltado por um bom tempo. Não creio que a aproximação entre ele e o filho se dará de forma harmônica. Creio que o melhor nem será telefonar para Francisca, mas convencer Miguel a passar uns dias ao lado dela.

— Tem razão, Carmela. O melhor seria ele estar ao lado de Francisca. Sempre foram companheiros. Ele precisa do carinho e do apoio da mãe.

— Além do mais, Glorinha vai cuidar do bebê como se fosse a verdadeira mãe dele.

— Não tenho dúvidas disso. Ela adora crianças. Só não quis se casar porque abraçou o trabalho nas creches com o maior amor do mundo.

— Cada um tem sua missão, Alcina. A de Glorinha sempre foi envolver-se com o bem-estar de crianças. E agora a vida a presenteou com um filho.

— Miguel vai criar o filho. Glorinha não será mãe dele — protestou Alcina.

Carmela apenas sorriu:

— Veremos.

De fato, dois dias depois do enterro da esposa, Miguel embarcava com destino aos Estados Unidos. Queria dar a triste notícia à mãe pessoalmente. Perdido nos sentimentos e nas ideias, não quis ver o filho. Todos acharam que ele agira assim porque estava sem chão, desorientado. Mas qual é o pai que não quer ver o filho que acaba de nascer, mesmo envolvido num ar de tragédia?

Glorinha pediu licença nos trabalhos que realizava nas creches. Carmela lhe deu todo o tempo necessário para adaptar-se à nova realidade.

— Quando Miguel voltar e assumir o filho, tudo será como antes.

— Não creio — a voz de Carmela era firme.

— Francisca vai conversar com Miguel. Ele sempre a escutou. Voltará mais calmo.

— Vamos torcer para isso ocorrer, de fato, mas saiba que os amigos espirituais contam muito com sua ajuda, Glorinha.

— Com a minha ajuda? Para quê?

— Para criar o bebê da melhor maneira. Você será muito importante na vida dele. E poderá ajudar pai e filho na reconciliação.

— Você diz sobre o passado?

Carmela assentiu.

— Os dois estão ligados por laços de amor e ódio que vêm se alternando ao longo das encarnações. Em última experiência terrena, Miguel sentiu-se traído e, por essa razão, nutriu grande mágoa em relação ao menino. Eu, você e Alcina poderemos ser pontes que facilitarão o entendimento entre ambos.

— Farei de tudo para que se deem bem. Amo Miguel como a um irmão e já me apeguei ao pequeno.

— Vocês têm afinidades. Tenho a certeza de que o bebê vai amá-la como a uma mãe.

Glorinha sentiu os olhos marejarem. Em seguida, perguntou:

— Por falar em mãe, tem alguma notícia de Judite? Os amigos espirituais lhe deram alguma informação?

— Sim. Ela ainda está adormecida. Não sabe sobre seu real estado. Vamos vibrar e orar para que, ao despertar, Judite possa ficar bem.

O encontro entre Miguel e Francisca foi bom. A mãe o consolou e tentou lhe mostrar que a vida faz tudo certo, mesmo que, no momento, não concordemos.

Humberto também teve sensibilidade suficiente para acalmar os nervos do rapaz. Falou sobre a paternidade, sobre a possibilidade de Miguel se refazer e, quem sabe, casar-se de novo.

— Isso nunca vai acontecer — esbravejou. — Judite era o amor da minha vida.

— Calma. Ainda é jovem — advertiu Humberto, voz mais calma. — Eu também achava que não iria mais me casar e a vida me trouxe sua mãe. Confesso que hoje sou o homem mais feliz do mundo.

— É diferente. Minha mãe foi abandonada pelo meu pai e você se separou da primeira esposa. São situações que nem chegam perto da minha. Eu não queria me separar. A vida simplesmente tirou Judite de mim.

— São fatos que acontecem a todos nós, filho — interveio Francisca. — Era para ser assim.

— Não me convence. Esse discurso é fraco.

— A morte é irreversível e as coisas acontecem como têm de ser. Há uma força maior que nos sustenta e ampara. Na maioria das vezes, as coisas acontecem de maneira distinta à que prevíamos.

— Judite era jovem, mãe. Como Deus pôde fazer uma barbaridade dessas comigo?

— Venha cá. Vou abraçá-lo e lhe transmitir todo o amor do mundo.

Miguel abraçou Francisca e as lágrimas correram soltas. Desde a morte da esposa, não havia derrubado uma lágrima sequer.

Depois de estar mais calmo, Humberto quis saber:

— Como é seu filho?

Miguel não tinha se dado conta de que não vira o filho ainda. Sem graça, comentou:

— Diante de toda a confusão, eu o vi apenas de relance.

Dias depois, quando voltou para casa, Miguel não teve vontade de ver o filho. Glorinha vestiu o bebê e, embalado numa coberta repleta de figuras de bichinhos, levou-o até a casa de Camilo.

Embora devastado com a morte da filha, Camilo fora todos os dias até a pensão de Alcina para ver o neto. Quando Glorinha tocou a campainha e ele atendeu, abriu largo sorriso.

— Você trouxe meu neto!

— Claro. Creio que seja o momento de apresentarmos o filho ao pai e vice-versa.

Camilo a convidou para entrar. Acomodada na sala, Glorinha ajeitou o bebê no carrinho. Ele dormia placidamente. Camilo o olhou com profundo amor e, na sequência, interrogou Glorinha:

— Como ele tem passado?

— Está bem. Dorme o tempo todo, parece estar anestesiado. Um amor de criatura.

— Vou chamar Miguel.

Camilo se retirou e, minutos depois, retornou com Miguel à sala. Ao vê-lo, Glorinha levantou-se e o abraçou com carinho.

— Seja bem-vindo de volta. Estávamos todos com saudades. Inclusive ele — apontou para o bebê.

Miguel se desfez do abraço. Mal olhou para o bebê.

— Não vai pegar seu filho no colo? — perguntou Camilo.

— Ele está dormindo. Não quero tirá-lo do sono. Pode estranhar e chorar.

Glorinha percebeu a resistência e comentou:

— Não tem problema. No momento oportuno, você o pega no colo. Terá tanto tempo para fazer isso!

— É verdade — a voz dele era vaga.

Camilo quis saber:

— Qual o nome que dará ao seu filho?

Miguel deu de ombros.

— Não pensei nisso.

— Judite não tinha nenhum nome em mente? — investigou Glorinha.

Ao escutar o nome da esposa, Miguel sentiu a respiração entrecortada. Para ele, aquele bebê era o responsável pela morte de Judite.

Se ela não tivesse engravidado, nada disso teria acontecido. Você a matou, ele pensou, mas respondeu:

O PASSADO NÃO TEM FORÇA

— Uma vez comentou comigo que gostava de Mauro, Paulo, Lauro. Não sei. Como agora está ajudando a cuidar dele, por que não escolhe um nome?

Glorinha arregalou os olhos.

— Eu?! Imagine.

— Façam o que quiser. Eu estou com tremenda dor de cabeça. O voo foi cansativo. Amanhã preciso voltar a trabalhar. Vou me deitar. Tenho de estar bem — ele se aproximou de Glorinha e praticamente implorou: — Fique com ele mais um tempo — apontou para o filho no carrinho. — Ainda não tenho condições de ser pai.

— Pode deixar.

Miguel se despediu e subiu para o quarto. Glorinha olhou para Camilo:

— Dos nomes que ele citou, qual lhe agrada mais?

— Estou entre Lauro e Mauro.

— Eu gosto de Lauro. Vem do latim *laurus*. Significa louro, loureiro. O loureiro representava na Antiguidade a vitória e a imortalidade; para os antigos romanos, simbolizava a glória.

Camilo chegou próximo do carrinho e, contemplando o neto, declarou:

— Também gosto de Lauro. Esse será o nome do meu neto.

CAPÍTULO 32

O tempo corre célere e, quando nos damos conta, muitos anos se passam num estalar de dedos. Foi o que aconteceu. Dezoito anos se passaram.

Ariane cresceu e se tornou uma moça linda. Altura mediana, rosto suave, olhos esverdeados. Os cílios eram enormes e lhe conferiam charme à parte. Os cabelos, alourados e compridos, chegavam ao meio das costas.

Foi moça educada em colégio de freiras. Aprendera a bordar, a costurar. Fora aluna mediana, comum. E, para alegria de Malvina, a menina se desenvolvera sem nenhuma limitação física ou mental.

— Nem parece que Ariane é filha de uma retardada — dizia Malvina entredentes. — Graças a Deus, Ariane é normal, não a aberração que eu tive.

Malvina sempre se referia à filha com essas delicadezas verbais. Não tinha desenvolvido, ao longo dos anos, um pingo de compaixão por Rubia. Muito pelo contrário. Jamais visitara a filha e, quando o funcionário da instituição a procurara para informar que Rubia havia falecido, Malvina nada sentiu. Limitou-se a pagar as despesas funerárias e nem quis saber onde Rubia seria enterrada.

— Por mim, podem fazer o que quiserem com o corpo dela. Podem enterrá-la em qualquer lugar. Jamais visitarei seu túmulo.

Quando Rubia morreu, Ariane estava com dez anos de idade. Ela nunca soubera da morte da mãe. Aliás, quando perguntava a Malvina sobre a mãe, Malvina se apropriava de sua veia artística e contava uma linda história:

— Sua mãe cursava faculdade em Buenos Aires. Conheceu um argentino lindo. Engravidou e voltou para cá, a fim de que eu a ajudasse na gestação. Quando você nasceu, sua mãe retornou à Argentina para se casarem. Ela e Javier foram fazer um passeio de barco, o barco virou, e os dois, pobrezinhos, morreram.

— Por que na minha certidão de nascimento não consta o nome do meu pai?

— Porque a família dele não quis. Eu fui três vezes para a Argentina, tentei conversar com eles e convencê-los de que o nome do pai na certidão era necessário, mas nem ouviram sua avó. Foram estúpidos, então eu voltei com o objetivo de criar você da melhor maneira possível.

— Não me importo que o nome do meu pai não conste na certidão. Se a família dele a tratou mal, não merecem minha consideração. Não quero saber deles.

— Isso mesmo, meu amor. Você tem a vovó, que vai cuidar de você com todo o amor do mundo.

— Eu te amo, vovó!

Como dizem, de tanto contar uma mentira, chega um momento em que ela se torna verdade. Para Ariane, a mãe e o pai eram jovens, bonitos, saudáveis e morreram num acidente. E nunca apareceria alguém para contar a verdade.

Se um cliente perguntava sobre Rubia, Malvina contava a mesma história. Depois de um tempo, ninguém mais perguntava sobre Rubia e ela foi esquecida. Os anos passaram, a Sé deixou de ser um largo e virou praça. O metrô chegou e, com as mudanças ocorridas no centro da cidade, o bar passou a ter outro tipo de freguesia. Os clientes antigos, a maioria, não mais o frequentavam.

Amigas no passado, Malvina sentiu-se profundamente traída quando Rubia, em última experiência terrena, não a ajudara a se livrar de um julgamento que, no fim das contas, conduzira Malvina à morte. No mundo espiritual, atolada na mágoa e no ressentimento, Malvina não se conformava com a traição da amiga.

Rubia era amiga dos copos, bebia além da conta, era extremamente impulsiva e, com o tempo, viciou-se em morfina. Morreu em péssimas condições físicas e emocionais. No mundo espiritual, Rubia continuou a se drogar e era atormentada por Malvina, que vinha tirar satisfações acerca da traição sofrida.

Após anos de embate, decidiram reencarnar como mãe e filha. Havia também algo que atormentava Rubia sobremaneira. Ela seduzira um menino de treze anos. Rubia o seviciara e o obrigava a se deitar com homens abastados. O dinheiro obtido era dado a Rubia para a compra de morfina. O rapaz reencarnou como Osório, o catador de latas.

Por conta dos excessos causados pelo vício e sem controle sobre seus impulsos, Rubia pedira para nascer com alguma deficiência, de tal sorte que a limitação a freasse e a afastasse do contato com as drogas. Malvina, um tanto relutante, aceitou recebê-la como filha.

Após o desencarne, Rubia, aos poucos, foi readquirindo a memória passada e as limitações deixaram de existir. Assim que tomou ciência da maneira como prejudicara Malvina no passado, sentiu que o segredo do perdão era olhar sem julgar e esse pensamento era o melhor caminho para seu espírito prosseguir em sua jornada evolutiva.

No aniversário de quinze anos de Ariane, amigos espirituais levaram Rubia para vê-la. Ela se emocionou bastante. Não havia estabelecido laços de afeto com Ariane no passado. Apenas aceitara de bom grado ser o meio para que Ariane retornasse ao planeta. E, a partir desse momento, nutriu pela filha um carinho especial. Cinco anos depois de seu desencarne, recebeu Osório com alegria e o ajudou a eliminar as toxinas do perispírito.

Atualmente, Rubia segue a vida na dimensão espiritual, dando acolhida a espíritos que desencarnam em consequência das drogas. Ama seu trabalho e é feliz.

Como muitos sabem, a reencarnação é a chave de muitos problemas emocionais e mentais, e explica a maioria dos obstáculos da vida atual. Foi o caso de Rubia e também de Osório.

Ariane chegou afobada ao bar e mal cumprimentou Nilza, a cozinheira.

— Uai! Não vai me dar bom-dia?

— Nilza, estou atormentada! Acabei de receber uma cartinha.

— Que carta é essa, ora?

— Cadê minha avó?

— No apartamento — apontou para o alto. — Tá ficando velha. Foi descansar as pernas. Incharam de novo.

Ariane subiu correndo e entrou no apartamento. Malvina estava deitada no sofá, pernas elevadas. Assistia a um programa de televisão.

— Oi, vó — cumprimentou Ariane, balançando o papel.

Malvina era toda apaixonada pela neta. Se com Rubia havia problemas sérios a resolver, com Ariane a história era outra. Os laços de afeto entre as duas apenas se estreitavam a cada vida. Se havia alguém por quem Malvina tinha nutrido grande amor ao longo de vidas, esse alguém era Ariane.

Os olhos dela vibraram de emoção. Ela foi se sentar, mas Ariane sentou-se na ponta do sofá e colocou as pernas de Malvina no colo. Começou a acariciá-las e anunciou, contente:

— Consegui uma vaga para o curso da agência.

— Da agência estrangeira?

— É, vó. Da estrangeira. Concorridíssimo! Fui selecionada para um teste. Se eu passar, vou poder fazer a inscrição.

— Claro que vai passar. Você cresceu desejando ser manequim!

— Modelo, vó. Manequim é coisa do passado.

Malvina fez um gesto vago com a mão.

— Que seja! Modelo, manequim. O importante é ser famosa.

— Eu vou ser, vó. Pode apostar.

Malvina passou delicadamente os dedos sobre os cabelos da neta.

— E quanto é o curso?

— Se eu passar, vou ganhar bolsa.

— Não vamos gastar nenhum tostão?

— Mais à frente, vou precisar fazer um book.

— O que é isso? — quis saber Malvina.

— Uma série de fotos minhas dispostas num álbum. Serve para apresentar a modelo para os possíveis clientes.

— Vamos fazer esse book. Já.

Ariane riu com gosto.

— Agora não, vó. Só depois que eu terminar o curso.

— Vai ser a modelo mais bonita do curso.

— Obrigada.

— Vi que um rapazinho veio te procurar ontem. A Nilza que atendeu. Quem é?

A moça fez um gesto jovial com os ombros.

— Nem sei. Deve ser do curso. Mas eu não quero saber de homem nenhum, vó. Agora é foco no curso, na minha carreira.

— Isso mesmo, querida. Não deixe ninguém atrapalhar sua vida.

— Não vou deixar. Fique tranquila.

CAPÍTULO 33

Lauro apanhou o passaporte e o apresentou à atendente da companhia aérea. Entrou no avião e sentou-se confortavelmente na poltrona de primeira classe. Olhou ao redor e sorriu. Adorava o luxo, os prazeres que o dinheiro podia lhe proporcionar.

Gastava dinheiro a torto e a direito. Acabara de passar férias na casa da avó, Francisca, e perdera a noção do quanto comprara de roupas, sapatos e perfumes. Enchera uma mala de discos e outra com fitas de vídeo.

A avó o alertara sobre os gastos excessivos, mas ele não estava nem aí.

— Gasto o dinheiro *dele*, sem dó nem piedade. Ele não quis viver afastado de mim? Pois que arque com as consequências.

Francisca tentava fazer com que o neto não ficasse tão ressentido com as atitudes do pai.

— Pai? Que pai, vó? A única pessoa que tem o meu respeito é Glorinha. Ela, sim. É a minha mãe, quem me criou, com amor e carinho. Não fosse ela, eu poderia ser um desajustado, um drogado. E tenho a certeza de que ele não estaria nem aí com meu estado emocional.

— *Ele* tem nome — ressaltava.

— Não. Para mim, ele não tem nome. Não é e nunca foi pai. Sei que você o defende porque é seu filho, mas nunca me tratou como tal.

Francisca precisava dar o braço a torcer. Reconhecia que Miguel não fora um bom pai. Vivia em um apartamento enorme, de trezentos metros, sozinho. Não se relacionava com ninguém, e a vida, desde que perdera Judite, era resumida a trabalho. A construtora consolidara-se como uma das mais importantes do país, gerando empregos, obras e outras benesses ao governo e à sociedade. Da construtora nasceram outras pequenas empresas e Miguel tornara-se dono de um conglomerado.

— Seu pai tornou-se um empresário de respeito.

— E um pai de merda — cuspiu as palavras.

— Olhe como fala! — protestou Francisca. — Não use palavras de baixo calão para se dirigir a seu pai ou quem quer que seja. Você pode ser tudo, menos um malcriado. Glorinha não merece isso.

Nesse momento, ele sempre dava um passo para trás.

— Tem razão, vó. Me desculpe. Não falarei mais dele assim.

Não tinha jeito. Conforme crescia e os anos passavam, Lauro se dava conta do afastamento de Miguel como pai. Eles mal se viam. O relacionamento era bem ruim e, quando Lauro começou a ter noção sobre a figura que um pai deveria exercer na vida de um filho, também passou a rejeitar Miguel.

Glorinha ficava no meio-termo, tentando colocar panos quentes no relacionamento frio e distante entre pai e filho. Miguel procurava evitar contato, pois, toda vez que se deparava com Lauro, via na sua frente o responsável pela morte da esposa.

Lauro, por sua vez, nas raras vezes em que encontrava Miguel, também fazia o possível para se manter afastado, distante. Nunca conversaram mais que cinco minutos na vida.

Claro, precisamos colocar aqui a enorme contribuição de Orion. Era ele que, muitas vezes, incutia na mente de pai e filho as desavenças, animosidades. Quando pai e filho se aproximavam, lá estava ele, sempre pronto para despejar nas mentes um dedinho de veneno e repulsa.

Cabe salientar que Orion não tinha o poder de manipular mente alguma. Ele simplesmente tinha acesso a Miguel e Lauro porque os dois davam brecha, entravam na sintonia perfeita para que Orion tivesse campo fértil para trabalhar e semear a discórdia.

Teseu nada podia fazer. Sabia que a maneira pela qual os dois poderiam se libertar da influência de Orion era disciplinar a mente e harmonizar o mundo interior. Sem esse trabalho, o assédio ficava fácil.

Quando possível, aproximava-se de um ou outro e tentava passar uma ideia positiva acerca do relacionamento entre pai e filho. Em vão.

Teseu tinha grande acesso a Glorinha. Imbuída de bons sentimentos e de grande amor por si mesma e pelo próximo, Glorinha nunca se deixara assediar pelas ideias negativas de Orion.

De certa forma, Orion até a respeitava, visto que achava digno uma pessoa não lhe dar ouvidos e seguir firme em suas convicções.

Assim que Miguel rejeitou o filho, Glorinha tentou criar Lauro da melhor forma possível. Ela e Alcina dedicaram a vida ao crescimento e bem-estar do garoto.

Lauro só não se tornou uma pessoa irascível e de mal com a vida porque recebera muito amor da mãe postiça e da avó. Aliás, chamava Glorinha de mãe, e Alcina, de vó. O contato com Francisca se fizera constante. Glorinha fazia questão de que Lauro passasse as férias com a avó paterna.

Do lado de Judite, sobrava apenas Camilo. Contudo, quando Lauro completara doze anos, Camilo teve um derrame severo e, um mês depois, faleceu. Diante disso, Lauro só tinha a família do lado do pai, o qual aprendeu a desprezar ao longo dos anos.

Lauro e Glorinha moravam na casa que fora de Camilo. Ele a deixara ao neto em testamento. Alcina havia vendido a pensão para a construtora de Miguel, que desejava erguer ali um conjunto de salas comerciais.

Alcina recebeu convite para morar com Carmela e trabalhavam juntas na promoção do bem-estar de jovens carentes. Glorinha também se dividia entre o trabalho social e a criação de Lauro, muito embora, agora que ele chegara aos dezoito anos, não necessitasse mais de tantos cuidados.

Pois bem. Tão logo o avião pousara em São Paulo, Lauro correu para casa. Glorinha o esperava e foi com imensa alegria que o abraçou.

— Estava morrendo de saudades.

— Eu também, mãe. Veja — apontou para as malas. — Trouxe um monte de presentes para você.

— Presentes? Eu não preciso de presentes, só quero ter você aqui, ao meu lado. Além do mais, por que tantas malas? Saiu do Brasil com apenas uma!

Lauro riu com gosto.

— Sabe o quanto gosto de comprar coisinhas. E tem muita novidade lá fora. As novidades demoram a chegar. Trouxe um aparelho de videocassete que você vai amar. Poderemos assistir àqueles filmes antigos de que tanto gosta.

Apesar de estar com dezoito anos, Lauro se comportava como um adolescente de treze. Embora tivesse crescido com limites, nunca fora de poupar. Tinha um pai rico, não se falavam, mas Miguel depositava regiamente, todo mês, a mesada. Dessa forma, Lauro não precisava — e não desejava — pensar muito no futuro.

Ele terminara o equivalente ao Ensino Médio e não tinha planos de cursar uma faculdade. Não era de estudar. Dominava três idiomas, além do português. Era um *bon-vivant*.

Glorinha não fora tão enérgica na educação de Lauro. Sentia pena porque a mãe biológica morrera no parto e porque Miguel fazia questão de deixar claro o quanto desprezava o filho.

Lauro era um bom rapaz. Apenas tinha mania de grandeza, gostava de andar muito bem-vestido, pagar a conta dos amigos quando saíam para lanchar ou dançar. Estava feliz porque passara um bom tempo nos Estados Unidos ao lado da avó Francisca e tinha acabado de ganhar um carro último tipo.

Depois de entregar os presentes para Glorinha, notou o carro novo na garagem. Foi ela quem esclareceu:

— Seu pai mandou. Lindo, né?

Ele fez um muxoxo.

— Miguel acredita que, ao me dar presentes caros, lhe serei eternamente grato.

— Seu pai é meio complicado. Não fique bravo.

— Eu? De modo algum. Já me acostumei com o fato de ele não me suportar.

— Não fale assim — advertiu Glorinha.

— É a verdade. Sabemos disso. De nada adianta tapar o sol com a peneira. Miguel vai morrer me acusando da morte de Judite. Sabe que agora essa acusação entra por um ouvido e sai por outro.

— Ele amava muito a sua mãe.

— Não é motivo para me destratar.

— Não o leve a mal — Glorinha o abraçou e prosseguiu: — Vai chegar o momento em que Miguel terá de confrontar a verdade e vocês se entenderão.

— Ele sabe que Judite não morreu por minha causa. Usa essa desculpa esfarrapada para se ver livre de mim e não arcar com responsabilidades. Eu não o odeio, além do mais, aprendi a lição. Tenho de aproveitar. Quer me dar mesada, carro, viagens? Ótimo, vou curtir a vida. Não é para isso que estamos aqui? Para curtir a vida?

— Viemos ao mundo para ficar bem, estreitar os laços com nossos afetos e nos entender com nossos desafetos.

— Eu sempre fiquei na minha, sabe disso — Glorinha concordou com a cabeça e ele continuou: — E, se houve algum problema sério entre nós no passado, estou aqui para nos entendermos. Quem vive afastado é ele; quem não quer contato é ele. Portanto, quem não se libertou do passado é ele. Eu estou bem.

— Bom que pense assim — ajuntou Glorinha. — Quem sabe, um dia, ele não vai ter em você um grande amigo?

— Difícil, mas, como diz Carmela, nada é impossível. Aliás, estou morrendo de saudades dela. Vou ligar e marcar um encontro. Comprei coisinhas para ela também.

Glorinha sorriu feliz.

Torço para ele ficar bem. E que Miguel tenha a oportunidade de mudar e perceber como seu filho é uma ótima pessoa.

Num canto da sala, Orion olhava a cena com raiva. Não conseguia chegar perto de Lauro e perturbá-lo.

— Engraçado, quando estava preso, acatava todas as minhas ordens. Agora que voltou, recusa-se a me escutar.

— Bem feito!

Orion olhou para o lado e falou um palavrão.

— O que a mosca-de-fogo veio fazer? Cansou-se de ficar rodeado de outros pirilampos?

— Engraçadinho. Vim dar uma volta e ver como vão meus queridos. Acabei de visitar Ariane. Confesso que estou surpreso como Malvina mudou seu jeito de ser.

— Apenas em relação à neta. Se eu forçar a barra, ela volta a ser a cobra que sempre foi. Só não a atiço porque quero que Ariane se desenvolva bem, num bom ambiente. Logo, quando se tornar modelo famosa, vai acabar com a raça dos homens. E com a de Miguel. A essa derrocada, vou assistir de camarote.

— Você bem sabe que eu e meus amigos da luz praticamente limpamos a memória de Ariane e retiramos todas as toxinas que seu mestre a fez absorver.

— Ariane não evoluiu tanto assim. É manipulável. Quando chegar a hora, verá o que vou fazer com ela.

— Vou pagar para ver, assim como estou pagando para ver o que tem feito a Lauro. Nada.

Orion mordeu o lábio com ódio.

— Idiota!

— Pode me xingar, Orion. Ninguém que esteja ligado ao mal consegue se aproximar de Lauro. Além do mais, ele é rodeado de pessoas boníssimas, como Glorinha, Alcina e Carmela.

— Ele odeia o Miguel.

— Será? Quem está falando é você. Eu não acho. Talvez se sinta rejeitado, preterido. Mas ódio, não. Isso é coisa da sua cabecinha torta.

— Vou mudar o jogo. Você vai ver.

MARCELO CEZAR DITADO PELO ESPÍRITO MARCO AURÉLIO

— Já lhe disse mil vezes, Orion. Por que não toma coragem e se declara a Minos? Vá tratar da sua felicidade.

Orion irritou-se sobremaneira e logo seu corpo ardeu em brasa. Depois, desapareceu. Teseu aproveitou para lançar energias benéficas no ambiente e dar um abraço em Glorinha, por quem ele nutria enorme apreço e consideração.

CAPÍTULO 34

Ariane estava adorando o curso de modelo e manequim. Ela se destacava das demais alunas por dois motivos. Primeiro, porque tinha o corpo ideal para a profissão, isto é, 1,70 metro de altura, 65 quilos, 90 centímetros de busto e quadril, 58 centímetros de cintura. Segundo, porque já tinha feito o curso básico de passarela e já sabia como se destacar em uma.

Um dos sócios da escola tinha uma agência de modelos e logo a câmera apaixonou-se por Ariane. Com o *book* sob os braços, foi para sua primeira avaliação. Saiu de lá com a possibilidade de estampar a capa de um catálogo de *lingeries*. Sentiu-se o máximo.

Chegou a sua casa feliz da vida. Mal cumprimentou Nilza e correu para dar a notícia à avó.

Malvina estava deitada no sofá, como de hábito, com as pernas esticadas e levemente erguidas sobre duas almofadas.

— Vó, eu vou fazer um ensaio para estampar um catálogo! Acredita?

— Claro que acredito — Malvina sorriu. — Você tem o corpo perfeito. É linda. Por que não conseguiria?

— Às vezes me sinto insegura. Se você visse as outras meninas do curso e as que vi na agência! Estou pasma. Nunca vi tanta mulher bonita num único lugar.

— Pode haver um monte de meninas bonitas, mas você tem aquele negócio a mais.

— É?

— Sim. No meu tempo, chamávamos de "it" o tal do algo a mais. É um brilho, uma característica que não é vista, mas sentida pelas pessoas.

— Pode ser. O dono da agência disse que a câmera gostou do meu rosto.

— Está vendo? Você tem algo a mais. Nasceu com a estrela da sorte.

Ariane abraçou Malvina com carinho. Para ela, Malvina era a melhor pessoa do mundo. Era amorosa, participava ativamente de sua vida e sempre a colocara para cima. Já tinha escutado da boca de clientes antigos do bar o quanto a avó era mesquinha, mal-humorada, ranzinza e mau-caráter. Nunca conseguiu enxergar esses traços na personalidade de Malvina. Ela a amava com toda a sua força.

Interessante saber que as afinidades — ou falta delas — fazem com que uma pessoa traga para fora aspectos bem distintos da personalidade. Malvina fora uma mulher sofrida e encontrara nas atrocidades que cometia uma maneira de se manter viva.

Ela continuava sendo a praga de sempre, só mantinha outro tipo de comportamento com a neta. Apenas Ariane era capaz de puxar dela coisas boas. Isso mostra que, apesar de termos de responder por tudo aquilo que praticamos contra alguém, somos seres com um grande potencial para nos tornarmos bons.

É fato: o bem não faz mal e é sempre o melhor caminho.

Depois de beijá-la várias vezes no rosto, questionou:

— Você queria ser atriz de cinema, né?

— Queria, mas a vida me levou por outros caminhos. Quando surgiu uma grande oportunidade de eu trabalhar com o Oscarito — mentiu —, seu avô me pediu em casamento. Eu era tão apaixonada pelo Joaquim! Você não faz ideia.

— Sua história deve ter sido linda.

Malvina prosseguiu no delírio:

— Depois, sua mãe nasceu. Daí eu me tornei mãe e dona de casa. Ajudava seu avô no bar, quando dava. Daí sua mãe cresceu, foi estudar fora, houve o acidente... bem, essa parte você já está cansada de saber.

— Sim. Não precisa prosseguir. Sei o quanto fica mexida quando falamos de mamãe.

— É fato.

— Mamãe tinha o nome que você usaria caso entrasse no cinema?

— É. Rubia — Malvina fingiu estar emocionada. — Se ela estivesse viva...

— Poderia tê-la enterrado aqui.

— A família do seu pai quis cremar os dois e espalhar as cinzas na Patagônia. Eu achei tudo tão lindo!

— No atestado de óbito da mamãe, vi que morreu quando eu era bem pequena, né?

— Ah, sim. Você não tinha completado nem um aninho.

Malvina nunca iria dizer à neta que comprara de um amigo íntimo um atestado de óbito para justificar a morte de Rubia. Quando a filha de fato morreu, Malvina rasgou o verdadeiro atestado de óbito. Para os devidos fins, Rubia havia morrido vítima de acidente de barco ocorrido quando Ariane tinha meses de vida. Se isso fosse descoberto, poderia ser indiciada por crime de falsidade ideológica. No entanto, acreditava que iria levar esse segredo para o túmulo.

A fim de evitar mais perguntas, Malvina mudou o assunto:

— Estou tão empolgada! Me conte sobre esse catálogo...

Ariane, animada, começou a relatar à avó como fora escolhida, quando iria fazer as fotos etc.

Foi num jantar com amigos que Lauro escutou de um amigo:

— Pois é. O Jairo ganhou uma grana lascada.

— Como? — quis saber Lauro.

— Virou modelo. Está fazendo campanha para uma marca de jeans. Logo vai para a tevê.

— Esse negócio de modelo dá dinheiro? Mesmo?

— Claro, Lauro. É uma profissão promissora. Tem curso e tudo o mais.

Ele se interessou. Roberto o encarou e comentou:

— Sabe que você leva jeito?

— Eu?!

— Claro, Lauro. Você é bonitão. Tem mais de um metro e oitenta. Acho que pode se dar bem nesse meio. Além do mais, não gostaria de dar um troco ao seu pai? Mostrar a ele que não depende nem do amor nem do dinheiro dele?

— É verdade. Adoraria esfregar na cara do seu Miguel que o filho que ele tanto despreza é tão bom ou melhor que ele.

— Pois bem. Se eu fosse você, daria um pulinho na agência.

Roberto passou o telefone do amigo Jairo e, ao saírem do restaurante, Lauro já sabia o que fazer no dia seguinte.

Vou mostrar ao meu pai que sou melhor que ele.

Orion olhava tudo com repulsa. Encarou Teseu mais ao longe.

— Fica estimulando seu pupilo a vencer pelo orgulho. Não é uma coisa feia?

— Feio é roubar, mentir, influenciar negativamente as pessoas — Orion fez um gesto com o dedo do meio e Teseu prosseguiu: — Lauro não vai ser enganado de novo.

— Será?

— Quando entregou Miguel e foi traído por Minos...

Orion o cortou:

— Ele não foi traído. Enganou Ariane. A culpa foi dele.

— Está certo. Mas toda essa experiência mexeu com o espírito de Lauro. Ele se arrependeu verdadeiramente. Perdoou Judite e quis vir como filho dela. De certo modo, ele já perdoou Miguel. É Miguel quem ainda guarda mágoa de Lauro.

— Vamos ver.

Assim que Lauro se aproximou do carro, Orion chegou junto e começou a lhe enviar ideias e pensamentos negativos. Teseu fez o mesmo e sussurrou:

— Os pensamentos negativos não são seus. Você é uma pessoa do bem.

Lauro registrou as últimas palavras e disse para si:

— É mesmo! Sou um cara do bem.

Orion bufou e sumiu. Teseu riu à beça e, em seguida, também sumiu.

CAPÍTULO 35

Os anos foram amigos de Miguel. Ao longo do tempo, ele erguera um pequeno império e fizera grande fortuna. Envelhecera relativamente bem. Aproximava-se dos cinquenta anos, contudo, mantinha aparência jovem. Questão de uma década atrás, perdera um rim. Fora isso, estava com boa saúde.

Ele entrou na sua sala e Kátia, a secretária, depois dos cumprimentos, o alertou:

— O aniversário de vinte anos da construtora se aproxima. O senhor pediu para avisá-lo com antecedência para planejar a festa de comemoração.

— Bem lembrado, Kátia. Quero uma festa inesquecível.

— Posso agendar a reunião com o pessoal do Marketing?

— Sim. Veja isso o quanto antes.

— Sim, senhor.

Ela saiu da sala e Miguel sentou-se na cadeira do presidente. Pegou o exemplar de um dos jornais que estavam sobre a mesa. Leu a manchete: "Nova Constituição entra em vigor".

Miguel suspirou:

— Enfim, mais de vinte anos depois, uma nova Carta Magna. Espero que tudo melhore.

De repente, sentiu uma onda de tristeza. De que adiantava tudo melhorar? Ele havia feito uma fortuna, era um homem bem-sucedido. Por que sua mulher não estava ali para comemorar esse sucesso ao seu lado? Por que Judite fora embora tão cedo? Se não tivesse ficado grávida...

Ao se lembrar disso, sentiu raiva. Não era bem raiva de Lauro, mas raiva por conta da impotência. E também do terrível "se": se Judite tivesse tomado alguma medicação, se os médicos fossem mais rápidos na emergência, se ela ficasse e o feto não resistisse...

— Onde está você, Judite? Será que tudo o que Carmela afirma sobre a continuidade da vida é mesmo verdade? Por que não a vejo, não sonho com você? Que falta você me faz!

Ele bradou e jogou o jornal para o canto. Era um homem que dificilmente chorava, entretanto, naquele momento, uma lágrima escorreu pelo canto do olho.

Judite estava por perto. Tentou se aproximar, mas, alertada por Teseu, decidiu permanecer a certa distância.

— Ele está cheio de pensamentos atribulados. Ao se aproximar, poderá absorver as energias tóxicas que advêm desses pensamentos — advertiu Teseu.

— Gostaria de abraçá-lo e dizer que estou mais viva que nunca.

— No fundo, ele sabe disso.

— Se ele ao menos perdoasse o Lauro, poderia se dar a chance de se abrir novamente ao amor. Fui sua companheira no passado, mas não seu grande amor. Tanto que, em última vida, eu era sua governanta. E ainda me culpo por ter dado aquele chá para Ariane...

Teseu a cortou:

— Não pense nisso agora. Procure esquecer. Faz parte do passado. Você já teve outra experiência e passou por situação similar.

— É verdade. Colhemos o que plantamos. Mas Miguel precisa sair desse sentimento de rancor e tentar ver a vida com mais amorosidade.

— Ele ainda não tem consciência disso — comentou Teseu. — Mas vai ser despertado, em breve.

— Eu torço para que Miguel seja feliz.

— Tudo leva a crer que será, Judite. É só mais uma questão de tempo. Ele precisa se livrar das influências de Orion.

— Não há uma maneira de nós, que estamos do lado da luz, conseguirmos afastar Miguel das perturbações de Orion?

— Não. Isso é trabalho que compete tão somente a Miguel. Cabe a ele saber se defender das interferências negativas que recebe, sejam elas de encarnados ou desencarnados.

— Miguel não sabe que é influenciado.

— Troquemos a palavra por "influenciável". Todos nós somos, aqui no mundo espiritual ou na terra, não importa o lugar. Quando Miguel se tornar mais espiritualizado, não dará mais espaço para a perturbação.

— Ele não gosta de frequentar lugar algum. Como vai se espiritualizar?

— Um bom ambiente espírita ajuda bastante no processo, contudo, não é preciso frequentar um lugar para se espiritualizar. A mudança ocorre por dentro.

— Será?

— Muitos de nós acreditamos durante séculos que, para conversar com Deus, precisávamos ir a uma igreja, a um culto. Hoje sabemos que, apesar de haver belíssimas igrejas e ótimos cultos, podemos conversar com Deus a qualquer hora, em qualquer lugar, porque Deus está dentro de nós.

— Isso eu aprendi aqui no mundo espiritual.

— Pois bem. Vamos ajudar Miguel com nosso entendimento sobre o divino.

Judite assentiu, com um movimento da cabeça, e ambos enviaram energias benéficas para Miguel. Ele estremeceu levemente e logo Judite pôde se aproximar. Sem tocá-lo, apenas lhe dirigiu palavras de bem-estar. Teseu respirou fundo e disse:

— Miguel, permita-se sentir a presença de Deus, confie no poder divino, que nos ama e tudo dispõe em nosso favor. Encha o seu coração de luz e visualize energias de alegria, de paz, de perdão, sobretudo, de perdão. Mantenha o propósito nessa sintonia, permitindo que a luz no seu coração brilhe e atinja aqueles com os quais você tem vínculos.

Miguel estremeceu novamente. Levantou-se, foi até a mesinha ali perto, serviu-se de água e bebeu. Depois, voltou a se sentar e começou o dia melhor, sentindo uma grande vontade de fazer o bem a si e aos outros.

Ariane terminou o curso e, com o catálogo de *lingeries* expondo seu rosto fino e delicado, logo recebeu propostas para desfiles. Ao sair da sala de reuniões, decidiu tomar um copo d'água. Um rapaz se servia na sua frente e, assim que ele deu passagem para ela, Ariane o abordou, de forma simpática:

— Você tem um rosto familiar. Será que eu já o vi em algum catálogo?

— Não. Nunca fiz fotos ou desfilei. Aliás, estou fazendo curso de modelo e um de meus professores me indicou esta agência. Espero que gostem de mim.

— Por que não gostariam?

— Eu tenho o nariz proeminente. Veja — ele apontou para o rosto.

— Qual o problema? A Barbra Streisand tem um narigão e é uma celebridade. Aliás, tem uma beleza única.

— É verdade. Ela é bonita, mesmo com um nariz fora do padrão.

Ela se apresentou.

— Eu me chamo Ariane.

— Prazer. Eu sou Lauro.

— Bonito nome. Tem um ator lindo com esse nome, Lauro Corona.

— Isso é.

— Lauro de quê?

Ele baixou o tom de voz, como se estivesse fazendo uma confissão. Em tom de brincadeira, revelou:

— Eu tenho sobrenome português. Queria ter um outro sobrenome.

— Os espanhóis estão em alta. Tem aquele rapaz, o Antonio Banderas.

— Eu gosto do sobrenome.

— Então tome para si. Lauro Banderas. É bonito, sofisticado, sem afetações.

— Eu estaria roubando o nome dele.

— Não. Está tomando emprestado. E, se perguntarem no futuro o porquê, diga que foi uma homenagem. As pessoas se rendem a essas confissões ingênuas.

— Tem razão.

Uma moça chamou Lauro e eles se despediram. Ao sair da agência, Ariane ficou pensativa:

— Eu podia jurar que o conheço de algum lugar.

CAPÍTULO 36

Alguns meses se passaram. Ariane começou a estampar capas de revistas femininas e passou a ganhar um bom dinheiro. Fez o possível para tirar Malvina do centro da cidade.

— Aqui está tudo decadente, vó. Cheio de bandidinhos. Eu posso dar entrada num apartamento pequeno mas confortável. Uma amiga me indicou um em Santa Cecília. Você poderá viver comigo.

Malvina se emocionou, mas não arredou pé.

— Eu gosto daqui. Recebo a pensão do seu avô, tenho o rendimento do bar. A vida está garantida. Estou há tantos anos aqui que não saberia viver em outro lugar.

— Mas...

Malvina a cortou:

— Além do mais, Nilza poderá viver aqui comigo. Ela tem reclamado que o aluguel do quartinho onde mora subiu e está corroendo o salário. Também, com essa inflação nas alturas, ninguém aguenta.

— Bom, se Nilza vier morar aqui, então fico mais tranquila.

— Eu poderei visitá-la, minha neta. A Consolação não fica longe.

— Nada disso — protestou Ariane. — Não tem mais idade para andar sozinha. Tome um táxi. Eu pago.

— Qual nada! Está me chamando de velha? Fiz sessenta anos...

— Vó! Não mente para mim.

Malvina meneou a cabeça.

— Está certo. Passei dos sessenta faz um tempinho, mas ainda não estou gagá.

— As pernas andam muito inchadas. Não quero que fique ziguezagueando pela cidade. Precisa repousar mais. Também vou marcar consulta com o vascular.

Malvina passou delicadamente a mão sobre o rosto da neta.

— Não sei viver sem você. Foi a luz que iluminou minha vida, quando perdi seu avô e, depois, sua mãezinha tão querida.

Ariane a abraçou comovida.

— Eu a amo, vovó. Muito.

— Eu também te amo.

Jairo foi convidado para desfilar na Europa e indicou Lauro para o *casting* de modelos que escolheria o substituto para a campanha do jeans. Depois de enfrentar centenas de candidatos, Lauro foi o escolhido.

Ele exultou de alegria. O dinheiro que ganharia nessa campanha o tornaria um rapaz independente.

Adeus, mesada! Não precisarei mais do dinheiro dele, refletiu. Sempre se sentiu superior porque me bancava. Agora, não vou mais precisar. Vou me esforçar para me tornar um ótimo profissional. Serei tão ou mais conhecido que ele. E com uma diferença: serei famoso!

Ariane estava de passagem pela agência e veio cumprimentá-lo.

— Como vai? — deram dois beijinhos e ela prosseguiu:
— Fiquei sabendo que vai estrear a campanha do jeans. Parabéns.

— Obrigado. É uma grande responsabilidade.

— Com o tempo, você se acostuma. Tem um rosto adequado para fotografar.

Ele riu.

— Nunca ouvi isso antes. Rosto adequado?

— É. A câmera gosta de rostos adequados. Você tem um.

Lauro ficava mexido ao lado dela. Não sabia explicar, mas sentia uma atração que ia além da física. Mal cruzara com Ariane, contudo, tinha a sensação de conhecê-la havia um bom tempo.

Ariane também sentia o mesmo, mas sem os arroubos da atração. Quando se aproximava de Lauro, havia uma espécie de botãozinho interno que apitava: *Perigo!* Além do mais, ela possuía uma maneira peculiar de lidar com a intuição.

— Por que está me encarando desse jeito? — ela quis saber.

— Nada. É que tenho a sensação de conhecê-la de outros carnavais.

— Eu sinto o mesmo.

Ele automaticamente inclinou o rosto para beijá-la. Ariane desviou.

— Desculpe — ele disse.

— Não. Eu não quero me envolver com ninguém, por ora.

— Entendo — devolveu, decepcionado.

— Gosto de você, Lauro. Mas sinto que seremos amigos, nada mais que isso.

— É uma pena.

— Não. Não é. Você me vê como uma modelo, mulher atraente.

— Tenho a certeza de que o que sinto vai mais além.

— Não. Se fosse, eu também sentiria algo parecido. Minha intuição diz que não vai ser bom.

— Como pode afirmar algo que ainda não aconteceu?

— Não sei. Sinto cheiro de confusão no ar. Não quero mais errar.

Ele se espantou.

— Como assim? Quem falou em erro? — Lauro irritou-se. Obviamente, estava sendo influenciado por Orion. Do lado de Ariane estava Teseu.

— Ela não vai ceder — revelou Teseu.

— Vamos ver — desafiou Orion. — Acha mesmo que ela não vai escorregar, não vai dar um mau passo? Foi assim no passado, pode ser assim agora.

— Ariane mudou. Você bem se lembra quando ela se arrependeu de ter se envolvido com Lauro. Ela traiu Miguel e se arrependeu. A gente não aprende e muda apenas aqui no mundo terreno. No astral, também mudamos nossa maneira de interpretar os fatos. A nossa consciência se expande, ficamos mais lúcidos e temos melhores condições de reprogramar nossas crenças. Ariane não vai ceder, já disse.

Orion lhe fez uma careta. Enquanto sua mão tocava a testa de Lauro, contrapôs:

— Eu vou fazer com que Lauro não deixe de assediá-la. Água mole em pedra dura tanto bate até que fura.

— Só vai perder tempo. Está desesperado porque Minos quer resultados. Isso é patético. Ele não tem mais a força de outrora. Está cansado, sem vontade de prosseguir nas maldades. O tempo do expurgo está se aproximando. Ou vocês mudam, ou já sabem o que vai acontecer.

Orion irritou-se. Afastou-se de Lauro, o que fez o rapaz sentir leve tontura. Em seguida, disparou:

— Não acredito no expurgo. Tudo balela.

Teseu deu de ombros.

— Eu não tenho de me preocupar com esse assunto porque não faço parte disso. Não se faça de bobo. Você pode ser tudo, Orion, menos idiota. Todos nós, no mundo espiritual, assim como muitos no planeta já sabem: os espíritos que não evoluíram ou não quiserem evoluir vão ser banidos do mundo espiritual e serão atraídos para um planeta muito mais atrasado do que a Terra. Isso é o expurgo.

Orion tremeu levemente. Teseu prosseguiu:

— Quase todos do bando de Minos reencarnaram. Estamos vivendo uma onda gigante de reencarnes automáticos. Há espíritos que não voltavam ao planeta havia trezentos, quinhentos, oitocentos anos. É a última oportunidade que têm para se redimirem. Se persistirem no erro, no mal, na ruindade, já sabem: serão banidos. Não vão mais reencarnar na Terra.

A boca de Orion ficou seca e ele não sabia o que dizer. Afinal de contas, ele tinha consciência de que o expurgo, de fato, estava acontecendo. Quase a totalidade dos asseclas de Minos havia reencarnado em vários pontos do globo. Sobravam apenas Minos, Orion e uma meia dúzia de soldados que, se não mudassem a maneira de ser, seriam automaticamente atraídos a esse novo planeta.

Teseu concluiu:

— Orion, meu amigo, estamos separados há mais de quinhentos anos, no entanto, o meu carinho por você não esmoreceu. Muito pelo contrário. Não vejo a hora de você abandonar esse mundo sombrio e que não leva a nada. Sei que continua desse lado por causa de Minos. Um dia você vai despertar para a verdade.

No fundo, Orion sabia que Teseu estava sendo verdadeiro. Limitou-se a indagar:

— O que faço?

— Pense em você, nas coisas que deseja para si, para ter um futuro que lhe seja agradável. A melhor ferramenta para ajudá-lo nesse processo é o autoconhecimento. Não se esqueça de que ele é fundamental para você ter condições de direcionar suas escolhas de maneira a progredir em todas as áreas de sua vida.

Num impulso, Teseu o abraçou. Orion ficou estático, não moveu um músculo do corpo. Depois que Teseu partiu, Orion ficou amuado, num canto, refletindo sobre tudo o que ouvira. O seu processo de mudança interior começava naquele momento.

CAPÍTULO 37

Encerrada a pauta da manhã, depois que os executivos deixaram a sala de reuniões, Miguel foi abordado pela secretária. Kátia o informou:

— Acabei de receber o catálogo com os rostos das modelos.

— Como?

Miguel estava tão envolvido com o trabalho que mal se dera conta de que havia pedido a Kátia para encontrar uma modelo que pudesse se transformar no rosto da construtora para a campanha de lançamento de um prédio residencial em bairro nobre. Ele queria um rosto que transmitisse charme, elegância e, ao mesmo tempo, inocência.

Kátia já havia contatado inúmeras agências. Depois de folhear inúmeros catálogos, selecionou dois, recheados com uma boa quantidade de rostos femininos.

Depois do almoço, Miguel apanhou os catálogos sobre a mesa e sentou-se em uma das poltronas de sua sala. Passou os olhos sobre um catálogo, fechou-o meneando a cabeça e, na sequência, abriu o segundo. Folheou com atenção e seus olhos se arregalaram ao ver o retrato de Ariane. Sentiu uma emoção repentina. Fixou-o por um bom tempo, encarando aqueles olhos.

— De onde conheço essa moça? — interrogou a si mesmo, intrigado.

Levantou-se e chamou a secretária pelo telefone. Kátia chegou prontamente:

— O que foi, senhor Miguel?

— De onde vieram esses catálogos? — apontou.

— Vieram daquela agência de modelos que um amigo seu indicou.

— Gostaria de contatar o responsável.

— Eu posso ligar e...

Miguel a cortou:

— Eu quero fazer isso pessoalmente, Kátia. Me passe os dados de contato, por favor.

— Sim, senhor.

— Agora.

Kátia saiu e rapidamente retornou, com os telefones e o nome do responsável anotados num bloquinho.

— Obrigado. Se precisar de mais alguma coisa, eu a chamo.

Kátia concordou e saiu. Ao fechar a porta, Miguel, mais uma vez, abriu o catálogo e o folheou até encontrar a foto com o rosto de Ariane. Sorriu, apanhou o telefone e discou o número.

Lauro estava radiante. A campanha do jeans estava fazendo sucesso, e prova disso foi o momento em que, acompanhado de Glorinha num shopping, foi abordado por uma moça próximo de sua idade. Ela se aproximou de maneira efusiva:

— Você é o moço daquele *outdoor* dos jeans?

Ele não entendeu a princípio. Depois, mais calmo, sorriu:

— Sou eu mesmo.

— Nossa! Você é muito gato!

Lauro agradeceu. Ela pediu:

— Pode me dar um autógrafo?

— Claro.

A moça lhe entregou um caderno e uma caneta.

— Seu nome?

— Denise.

Ele escreveu algumas palavras e, depois que ela lhe agradeceu e saiu feliz pelo shopping, algumas moças passavam por ele, sorriam e faziam comentários. Glorinha o parabenizou:

— Eu disse que você faria sucesso. Estou orgulhosa de você.

Ele acariciou os cabelos dela e acrescentou:

— Obrigado, mãezinha. Estou feliz. Meu trabalho está sendo reconhecido.

— E logo poderá alçar voos. Há a televisão, por exemplo.

— Não.

— Como não? — Glorinha estava surpresa.

— Não quero fazer tevê. Eu estou gostando de ser modelo. Desfilar, fazer campanhas como essa do jeans, é disso que gosto.

— Mas se pintar um convite...

— Não. Eu quero ir para o exterior. Desfilar para grandes marcas. É um mercado que está crescendo bastante. Desejo me tornar um modelo internacional, conhecido e respeitado. Honrar a profissão de modelo.

— Que ótimo! Seu pai vai ter orgulho de você.

— Duvido. Miguel não está nem aí para o que eu faço ou deixo de fazer.

— Não fale dessa maneira.

— Por quê? Nós sabemos que, se não fosse você, eu seria criado por quem? Babás e governantas? Mãezinha, sabemos que ele nunca se importou comigo. Fiz terapia por um bom tempo e aceito essa verdade.

Ela o abraçou com carinho.

— Desculpe. Eu não quero passar a mão na cabeça do seu pai, contudo...

— Contudo, ele vai sempre me culpar pela morte da minha mãe biológica. Talvez ele morra acreditando nisso. Sabemos que, de tanto insistir numa mentira, ela acaba se tornando verdade. E, nesse caso, nem sei se poderia dizer mentira, mas a maneira como os fatos podem ser interpretados. Na visão de Miguel, a gravidez levou Judite à morte. Logo, eu represento tudo de ruim que lhe aconteceu desde então.

— Seu pai é um bom homem. Sempre foi um cavalheiro.

— Antes de eu nascer, você quer dizer.

— Sim.

— Acha mesmo que a repulsa que ele sente por mim vem de vidas passadas?

— Certa vez, Carmela já insinuou isso.

— Se isso for mesmo verdade, se eu fiz algo terrível a ele no passado, confesso que mudei. Eu não o odeio. Como disse, entendo por que ele tem essa ojeriza em relação a mim. Mas, cabe ressaltar, quem está perdendo é ele. De minha parte, estou muito bem. Aliás, para não lhe ser um fardo, decidi investir nessa carreira, que está dando certo. Comecei a ganhar um bom dinheiro e posso garantir que, a partir de hoje, não vou mais aceitar mesada dele. Também não quero ficar mais na casa.

Glorinha protestou:

— Não! A casa onde moramos pertencia ao seu avô Camilo. Ela é sua!

— Mas é bancada por ele. Todas as benfeitorias, reformas, decoração, tudo foi pago por Miguel. Ele se sente meio dono da casa. Entra e sai a hora que bem quiser. Não vou ser mais um capachinho que o deixa pisar à vontade. Tenho minha dignidade, mãezinha. Além disso, não sou mais um garotinho. Hora de sair do ninho.

— Eu e sua avó vamos ficar tão tristes!

— Não adianta fazer drama. Sempre me ensinou a ser um homem de valor. Tudo o que sou hoje, em termos de caráter, devo a você e à vó Alcina.

— Obrigada, meu filho — agradeceu Glorinha, emocionada.

— Você tem as creches e os orfanatos para administrar. Seu tempo é bem corrido. Deixe-me cuidar da minha vida. Prometo que irei visitá-la a todo instante.

— Se prefere assim...

— Além de tudo, preciso de privacidade, certo? — Lauro piscou o olho e Glorinha quis saber:

— Conheceu alguém?

— Na verdade, conheci, mas ela não liga pra mim.

— Não?

— Não. Deixou claro que seremos apenas bons amigos. É uma garota incrível.

— Que pena.

— Sabe, pensando bem, não desejo me envolver com ninguém. Como disse, a carreira, em primeiro lugar.

Continuaram a conversa e, mais adiante, um grupinho de garotas aproximou-se e pediram autógrafo para Lauro.

Ele as atendeu demonstrando paciência e carinho. E estava determinado a dar novo rumo na vida. Não mais dependeria financeiramente do pai e sentia-se bem em poder ganhar o próprio dinheiro.

Lauro começava a entender que tudo tem volta, somos livres para escolher o caminho. No entanto, a vida sempre se incumbe de trazer o resultado do caminho que escolhemos.

CAPÍTULO 38

Miguel bem que tentou usar de sua influência para conseguir o contato de Ariane. Em vão. O dono da agência, profissional de reputação ilibada, não cedeu aos encantos do empresário.

Restava a Miguel tentar uma aproximação no dia do evento. Pensou na melhor maneira de impressionar a modelo. Olhou-se no espelho e gostou do que viu.

— Estou bem para a minha idade. Sei que essa moça tem idade para ser minha filha, mas... nada como uma boa conversa regada a uma boa bebida para criar o clima da conquista.

Sorriu para a imagem refletida no espelho e, depois de ajeitar a gravata-borboleta no colarinho, entrou no carro e o motorista o levou até o evento da construtora.

O local escolhido para a festa de vinte anos da construtora era um antigo galpão industrial na região central da cidade, que fora transformado em um espaço destinado a eventos de luxo.

Quando o motorista chegou à área reservada para os executivos da companhia, havia um bando de fotógrafos, repórteres. Haveria um show com uma banda famosa da época e muitos queriam fotografar Ariane, que se destacava como promissora modelo e acabara de fechar contrato com uma empresa de cosméticos para ser a garota da campanha de lançamento de um perfume feminino.

Miguel desceu, cumprimentou os repórteres com um aceno e foi direto para uma salinha preparada para receber a presidência e diretoria da empresa.

Meio a contragosto, Lauro também foi ao evento. Praticamente ninguém sabia que ele era filho de Miguel, pois adotara o sobrenome sugerido por Ariane e, como pai e filho jamais haviam sido vistos juntos, ignoravam o parentesco.

Ele aproveitou o burburinho e, quando uma repórter lhe questionou por que estava na festa, ele respondeu que fazia parte da agência de modelos contratada para o evento.

Glorinha parabenizou Miguel. Alcina fez o mesmo.

— Estamos felizes. Você conseguiu.

Ele olhou ao redor e quis saber:

— E Carmela?

— Está levemente gripada. Pediu desculpas e foi se deitar mais cedo.

— Não podemos forçá-la — justificou Alcina. — Embora esteja ativa e bem de saúde, vai completar noventa anos. Precisa se resguardar.

— Estamos pensando numa grande festa para os noventa — interveio Glorinha. — Será que pode nos ajudar?

— Claro! Será um prazer. Aliás, eu vou patrocinar a festa de noventa anos da Carmela. Ela merece.

— Você é tão gentil, Miguel — ressaltou Alcina.

Ele iria agradecer, mas viu Lauro de relance. Fechou o cenho. Glorinha acompanhou o olhar de Miguel e viu quando ele cravou os olhos no filho.

— Eu insisti para Lauro vir — comentou Glorinha.

— Não precisava — ele foi seco.

— Por que age dessa forma? É seu filho!

Miguel exasperou-se e, pretextando que precisava recepcionar outros convidados, deixou-as ali, sozinhas.

— Uma hora ele vai ter de ceder — contemporizou Alcina.

— Espero que não seja da pior maneira.

— Às vezes, minha filha, a dor ensina, mas não é necessário seguir por esse caminho. Você pode escolher.

— Miguel não quer escolher, esse é o problema. Essa desculpa de que não aceita o filho por causa da morte de Judite... Não aguento mais isso.

— Nem eu. Quase vinte anos batendo nessa tecla. Ele poderia ser mais original.

— Carmela disse que esse desagrado vem do passado. Quer dizer, de outras vidas.

— Não importa — ponderou Alcina. — As novas experiências servem para que possamos aprender com os erros do passado e seguirmos no bem. O perdão nessa hora é imprescindível. De mais a mais, cada pessoa traz, ao nascer, experiências de outras vidas. Mesmo que Miguel não acredite nisso, elas continuam no inconsciente, provocando impulsos involuntários e, muitas vezes, inexplicáveis.

— Isso é, mãe. Tudo passa e a gente sempre se renova. Em todos os dias da nossa vida pode nascer um sol.

Alcina concordou e Lauro surgiu, acompanhado, e apresentou a elas:

— Essa é Ariane.

Ela as cumprimentou com beijinhos e Glorinha comentou:

— Como você é bonita! Seus pais devem ter muito orgulho de você.

— Obrigada. Infelizmente, meus pais morreram num acidente, anos atrás. Eu só tenho a minha avozinha.

— Cadê ela? — perguntou Alcina.

— Não quis vir. Está na idade de preferir um bingo com amigos a participar de grandes eventos.

— Adoro um bingo — ajuntou Alcina. — Quando for oportuno, me apresente à sua avó.

— Sim. Será um prazer.

Depois que o rosto de Ariane foi apresentado e associado ao lançamento do empreendimento da construtora, o jantar foi servido.

Miguel procurou Ariane com os olhos. Assim que a viu, ela estava conversando com um rapaz, de costas para ele.

Animado, aproximou-se e, ao se apresentar, o rapaz que conversava com ela virou-se de frente. Era Lauro. Miguel sentiu leve espasmo. Aturdido, não soube disfarçar.

— O que faz aqui ainda?

— Estou aguardando a mãe e a avó para irmos embora. Já estou de saída.

— Vocês se conhecem? — indagou Ariane.

Lauro fez um muxoxo.

— Faz algum tempo, agora tenho de ir — ele a beijou no rosto e, sem olhar para Miguel, completou: — A gente se vê na agência. Até.

Ele se afastou e Miguel fez força para não expressar a raiva que sentia. Ofereceu a mão, que Ariane tocou com educação.

— Agradeço demasiadamente a sua participação em nosso evento. Seu rosto deu o brilho que faltava para coroar o evento — ele se apresentou.

— Eu sei quem o senhor é.

— Não precisa ser tão formal. Pode me chamar de Miguel.

— Não o conheço. Estou trabalhando para a sua empresa. Prefiro manter a distância.

— Imagine. Poderemos ser amigos.

Ela consultou o relógio.

— Preciso ir. Está tarde.

— Pedirei para meu motorista levá-la para casa.

— Não será necessário. Eu vim de táxi e vou voltar de táxi.

— Para que gastar? Além do mais, estamos numa região perigosa.

— Eu não gasto nada. A agência me reembolsa as despesas. Quanto ao perigo, sei me defender. Boa noite.

Ela nem o deixou prosseguir. Miguel ficou ali, parado feito uma estátua. Nunca fora tão rejeitado em toda a vida. Estava sem palavras.

— Treinei esse momento tantas vezes diante do espelho! Como pôde tudo dar tão errado? — murmurou.

A secretária aproximou-se, para avisá-lo da entrevista que ele daria a um jornal. Mesmo ao responder às perguntas da jornalista, que se insinuava para ele, Miguel não conseguia engolir o fora que Ariane lhe dera.

CAPÍTULO 39

Ariane foi visitar a avó. Enquanto tomava um chá e comia um pedaço de bolo de chocolate, Nilza subiu e meteu-se no meio da conversa:

— Sua avó nunca vai lhe contar.

— O quê?

— Um trombadinha arrancou a correntinha que você deu a ela.

Ariane levantou o sobrolho.

— Vó! Que história é essa?

Malvina fez cara de poucos amigos. Fuzilou Nilza.

— Metida. Deixa eu ficar aqui com a minha neta.

— Não, senhora. É bom Ariane saber disso — e, voltando-se para a moça, prosseguiu: — Ela volta tarde do bingo.

Acha que pode se defender. Não aceita que está ficando velha e indefesa.

Malvina soltou um palavrão e completou:

— Eu sei me virar. Sempre soube. Não vai ser um trombadinha que vai me meter medo. Além disso, ele levou uma correntinha. Aprendi a lição. Não saio mais de casa com nenhuma joia, nem bijuteria. Pronto.

— Vó, deixe-me lhe pagar o táxi.

— Para quê? O bingo é aqui pertinho. Não dá nem dez minutos.

— Ela é teimosa feito uma mula — protestou Nilza.

— E você é metida, enxerida. Não gosto quando se mete na minha vida.

— Ela não faz por mal, vovó. Gosta de você.

— Quero ficar sozinha com a minha neta, pode ser? Terminou o serviço lá embaixo? Limpou tudo?

Nilza protestou e desceu, falando sozinha. Ariane tentou amenizar a situação:

— Vó, não pode ficar tão sozinha.

— Estão fazendo muito alarde. Eu sei me cuidar, já disse. Agora me conte. Como foi esse evento? Vi na televisão. Só gente importante.

— Sim. Mas sabe que eu não ligo pra isso, né, vó? Eu quero ganhar meu dinheiro, seguir a carreira.

— Cuidado com os homens. Eles são terríveis.

— Não quero me envolver, por agora. Decerto que um empresário ficou caidinho por mim.

— Não me diga! — exclamou Malvina. — Cheio da grana?

— Acho que sim. Mas não sei, vó. Quando ele se aproximou de mim, senti um negócio esquisito.

— Esquisito como?

— Não sei. Eu o achei atraente, educado até. Mas alguma coisa quando o cumprimentei me fez ficar com o pé atrás.

— Ele é muito mais velho que você?

— Deve ter perto de cinquenta.

— Pode ser isso — comentou, garfando um generoso pedaço de bolo.

— É, pode ser — replicou Ariane, sem muita convicção.

Conversaram mais um pouco e, quando Ariane se despediu e Nilza se foi, Malvina decidiu ir ao bingo. Era uma maneira interessante de passar o tempo. Sozinha, com certa idade, sem amigos, Malvina encontrara no bingo seu passatempo preferido.

— Quem sabe não encho a cartela e ganho um dinheirão? Nunca se sabe.

Miguel tentou de todas as formas uma aproximação com Ariane. Ela estava concentrada no trabalho e era tão solicitada que mal tinha tempo sequer para comer. Emagrecera um pouco e seu agente sinalizou:

— Está magra demais.

— Um pouco estressada. Desde que me tornei o rosto da construtora, não param de chegar convites.

— Precisa aproveitar a boa fase, contudo, precisa também descansar.

— Bem que eu gostaria.

— Por que não tira uns dias?

— Agora não dá.

— Dá sim. Eu vou remarcar seus compromissos e alterar as datas na agenda. Tire uma semana. Viaje e tente se desligar dos compromissos.

— Boa ideia. Queria ir para a praia.

— Nordeste? — sugeriu o agente.

— Pode ser. Fortaleza, talvez...

— Okay. Deixe comigo.

Dois dias depois, Ariane estava deitada sobre uma espreguiçadeira, sob o sol, tomando um drinque na piscina do hotel, localizado no bairro de Mucuripe, em Fortaleza. Estava admirada com a gentileza e hospitalidade dos funcionários. A recepção fora calorosa e ela era tratada como uma rainha.

Na mesma cidade, ocorria um evento do qual Miguel participava. Ele iria voltar para São Paulo no finzinho do dia seguinte, contudo, ao passar pela piscina para entrar no restaurante do hotel, seus olhos foram atraídos para a moça que tomava sol.

Ao perceber que se tratava de Ariane, sentiu um calor tomar conta do seu corpo. Deixou os companheiros de trabalho de lado e foi até a beira da piscina.

— Eu acredito em coincidência, e você? — ele perguntou.

Ariane levantou a cabeça e ergueu os óculos escuros.

— Nem sempre — ela respondeu, sem tanto entusiasmo. — Como vai?

— Eu vou bem — ele se agachou e sentou-se na espreguiçadeira ao lado. — Que coisa boa encontrá-la aqui. Veio a trabalho?

— Não. Estou descansando. Tirei uns dias para me afastar de tudo, ou me sufocaria no estresse. E você?

— Vim para uma conferência — Miguel pensou rápido e prosseguiu: — Vou ficar aqui até amanhã. Gostaria de jantar comigo? Conheço um ótimo restaurante aqui nas imediações.

Ela sorriu, simpática.

— Pode ser, sim.

— Eu mando meu motorista apanhar você às oito, pode ser?

— Prefiro ir até o restaurante. Me passe o endereço.

Miguel se sentiu um tanto sem graça. Mas, para não criar clima, informou a Ariane o endereço do restaurante, anotando-o num cartão.

— Aqui também estão meus números — entregou o cartão a ela. — Posso então esperá-la às oito em ponto?

— Sou pontual.

Um rapaz do grupo do qual Miguel fazia parte lhe fez um aceno e ele estendeu a mão.

— Combinado. Até mais tarde.

— Até mais.

Ariane voltou a folhear uma revista de moda. Achava Miguel atraente, mas, por trabalhar para a empresa dele, preferira manter um tom cordial e profissional na conversa. Miguel pensou rápido:

Preciso arrumar uma desculpa para não voltar hoje para São Paulo. Vai ser fácil. Só preciso remarcar com a Kátia os compromissos de amanhã.

Passava das seis quando Malvina pediu para Nilza fechar o bar.

— Ainda é cedo — protestou.

— Mas não tem cliente. Pra que manter o bar aberto, gastando luz? Precisamos economizar.

— Já sei. Quer que eu feche mais cedo para ir ao bingo.

— Isso não é problema seu. Cuide da sua vida e eu cuido da minha.

— Sempre cordata e jovial. Na outra vida, quero ser bem-educada como você — ironizou.

Malvina fez uma careta.

— Chega de conversa. Pode fechar o bar. Enquanto isso, vou terminar de me arrumar.

Malvina subiu e, assim que Nilza desceu as portas do boteco, saíram juntas.

— Vai ver se eu vou até o bingo? Está me controlando, agora?

— É meu caminho. Você fica no bingo e eu tomo o ônibus na quadra seguinte. Dá para me aguentar, vai. São só cinco minutos.

— Está bem. Mas sem conversa.

— Sim, senhora.

Foram caminhando e o centro da cidade estava bem movimentado. Era fim de expediente e muita gente transitava ao longo da Rua Direita, caminho que as duas faziam.

Ao chegarem à Praça do Patriarca, dois rapazes surgiram do nada e avançaram sobre elas. Nem anunciaram o assalto. Um pegou a bolsa de Nilza e saiu em disparada. Outro puxou a bolsa de Malvina e também pediu o relógio.

— Não vai levar — ela protestou, segurando a bolsa contra si.

Nilza, com medo e aturdida, pediu:

— Entregue logo tudo para ele.

— Não — resistiu Malvina. — Minha bolsa ele não leva e...

Não terminou de falar. O rapaz disparou um tiro, arrancou o relógio e não conseguiu levar a bolsa. Do mesmo modo que apareceu, sumiu.

Assim que Malvina foi ao chão, Nilza começou a gritar por socorro. Três homens vieram acudi-la e logo dois guardas se aproximaram.

Quando Malvina deu entrada no hospital, Nilza ligou para o hotel onde Ariane estava hospedada.

— Melhor vir para São Paulo. Sua avó sofreu um acidente grave.

Ariane ligou para a companhia aérea e conseguiu passagem para embarcar às oito da noite. Na ânsia de chegar a São Paulo e acudir a avó, esqueceu completamente de avisar Miguel.

CAPÍTULO 40

Miguel dispensou a melhor mesa do restaurante e preferiu um local discreto, atrás de um biombo. Recebeu a carta de vinhos, escolheu um e, enquanto esperava Ariane, pediu um copo de uísque sem gelo.

Depois que o *maître* se afastou, Miguel consultou o relógio. Dali a cinco minutos, de novo. E assim foi até às oito horas. Consultou novamente, pediu outro copo de uísque e, quando os ponteiros se aproximaram do nove, ele pediu a conta e saiu, enraivecido.

Está querendo me evitar por quê? Vou até o hotel dela.

Chegou ao hotel e pediu para falar com Ariane. A recepcionista, simpática, consultou e respondeu:

— Não há ninguém aqui com esse nome, senhor.

Ele deu o nome completo e a resposta foi negativa. Outro funcionário, que se encontrava próximo da recepção, veio até eles.

— A senhorita Ariane saiu há pouco.

Miguel animou-se.

Ela se atrasou. Algum compromisso de última hora e...

O funcionário o arrancou dos pensamentos:

— Ela fechou a conta e foi para o aeroporto — consultou o relógio e continuou: — Faz mais de duas horas.

Miguel forçou o sorriso e saiu do hotel. Ao chegar à rua, soltou alguns palavrões. Sentiu-se diminuído, rejeitado. Indignado, pediu ao motorista que o levasse para o hotel. Iria também voltar a São Paulo naquela noite.

— O último voo saiu às oito horas, patrão. Agora, só amanhã de manhã.

O avião pousou e, antes da meia-noite, Ariane estava no hospital, com a mala de mão a tiracolo. Ao ver Nilza, correu e abraçou-a.

— O que aconteceu, Nilza?

— Fomos assaltadas. Eu entreguei a minha bolsa, mas a sua avó, turrona como ela só, não quis entregar a dela.

Ariane meneou a cabeça.

— Já estou imaginando a cena! Santo Deus.

— Ela tomou um tiro na altura do peito. Ainda está em cirurgia. O estado dela não é nada bom — explicou, chorosa.

Ariane a abraçou e, depois, foi tomar informações. Malvina ainda seguia em cirurgia.

Teseu estava ali e procurou passar energias calmantes para Ariane e Nilza. Orion se aproximou e afirmou:

— Sabe que nem eu nem você vamos poder ajudá-la.

— Está falando de quem, criatura? — Teseu indagou.

— Da Malvina, ora. Sabemos que ela está por um fio. E os amiguinhos dela estão lá fora, loucos para recepcioná-la.

— Vou conversar com eles.

— A troco de quê? Por que vai meter o nariz onde não é chamado?

— Vou trocar uma ideia. Tentar mostrar a eles que a vingança não serve para nada.

Orion fez não com a cabeça.

— Ai, Teseu. Tem vezes que você se mostra tão ingênuo, pobrezinho.

— E o que você faz aqui?

— Vim perturbar o Miguel. Enchi a cabeça dele de caraminholas. Ficou possesso quando soube que Ariane tinha voltado para casa.

— Ela voltou por conta dessa situação trágica.

— Ele não sabe. Aproveitei para deixá-lo irritado, inseguro.

— Agora sou eu que pergunto, Orion: o que você ganha com isso? Por que mete o nariz onde não é chamado?

— Não lhe devo satisfações.

Orion sumiu e Teseu fez uma oração para acalmar os ânimos de Ariane e Nilza. Caminhou até a sala de cirurgia e viu o momento em que o corpo espiritual de Malvina se desprendeu do corpo físico. Ela se debatia e em seguida pulou da cama. Uma enfermeira do mundo espiritual veio ajudá-la e Malvina a empurrou longe.

— Odeio hospital. Não gosto deste ambiente. Nunca gostei. Quero sair.

Ela foi caminhando, trôpega, com a camisola do hospital presa ao corpo e mais a toquinha que prendia os cabelos. Foi empurrando outros doentes que tinham acabado de morrer e, perdidos, perambulavam pelo ambiente.

— Preciso de ar — ela resmungou alto. — Onde é a saída? — perguntou para uma idosa com olhos arregalados e crucifixo nas mãos.

— Para lá — apontou.

— Preciso fumar. Cadê minha bolsa? Preciso...

No entanto, não deu tempo de Malvina dar outro passo adiante. Dois homens se aproximaram e um deles a interpelou:

— Pensa que vai aonde, meu bem?

— Preciso sair daqui — a camisola começou a sangrar na altura do peito. Malvina sentiu uma dor e empurrou o homem. — Preciso de um cigarro.

O outro a segurou:

— Não vai a lugar nenhum. Nada de cigarro.

— Ora! — ela protestou. — Como ousa falar assim...

Malvina o reconheceu na hora. Os cabelos estavam em desalinho e boa parte do rosto estava queimada. As feridas davam um ar monstruoso à criatura.

— Estou louca! — exclamou. — Evandro? Você morreu!

— Você também — argumentou ele.

— E eu também — acrescentou o outro.

Malvina levou a mão à boca.

— Joaquim? Você?!

— Estávamos esperando o momento certo para ampará-la — ele respondeu. — Valeram todos esses anos de espera.

— É, meu chapa — interveio Evandro. — Agora ela vai pagar por tudo o que fez com a gente.

Malvina sentiu o sangue gelar.

— Não. Por favor. Vamos conversar.

— Sim — anuiu Joaquim. — Vamos conversar. Temos toda a eternidade para colocar o papo em dia e você explicar por que pediu para Evandro me matar.

Evandro ajuntou:

— E explicar o motivo de ter me matado.

Cansada, aturdida, com dor no peito, Malvina tentou se esquivar. Um terceiro apareceu. Ela deu um grito e escorregou.

— Lembra-se de mim, princesa? — a voz de Anacleto era revestida de puro ódio. — Eu também me juntei a eles.

— Velho nojento! — ela gritou. — Eu o odeio.

Anacleto cuspiu nela, imitando o gesto que Malvina fizera quando o deixara sozinho e doente, jogado numa cama, muitos anos atrás.

— Empatamos, amor — ele rebateu, depois de passar as costas das mãos na boca. — Eu também a odeio. Agora vamos. Chega de papo. Vamos levar essa vadia para o nosso lar.

Evandro gargalhou. Joaquim quis saber:

— Por que tanta graça?

— Vamos levá-la para o "nosso lar". Trocadilho com aquele lugar sem sal e sem açúcar que os coleguinhas da luz tanto enaltecem.

Os três a puxaram com força, e Teseu, ali próximo, bem que tentou uma conversa com os três. Nada. Nem o viram. Ele se lembrou de quando estudava para ser mentor e um professor lhe dissera: "Cada pessoa no planeta tem processo único de evolução. Ela vai passar pelo que tiver que passar para aprender, e ninguém poderá impedir. De mais a mais, quem cultiva o mal só poderá atrair o mal. Essa é uma lei universal".

Teseu sabia que nada poderia fazer, a não ser orar por Malvina e por aqueles espíritos cujos corações encontravam-se empedernidos. Mais nada.

CAPÍTULO 41

Passados três meses, chegou o Dia de Finados. Ariane convidou Nilza para acompanhá-la ao cemitério. Desejava colocar flores no túmulo da avó.

— Vamos juntas?

— Sim. Vou em consideração à sua avó, que, mesmo ranzinza, era boa patroa. Sabe que não gosto de cemitério.

— Eu também não — comentou Ariane.

— Mas visitava o túmulo de seus pais, não?

— Vovó dizia que não suportaria levar flores para o túmulo da própria filha. Concordou com a família do meu pai de cremarem os corpos deles. Depois, jogaram as cinzas na Patagônia.

Nilza fez um muxoxo. Ariane percebeu.

— O que foi?

— Nada.

— Como nada? Essa cara... eu te conheço um pouco, Nilza.

— Não é nada.

Nilza havia escutado conversas de clientes mais antigos do bar e soubera por meio de um deles que Malvina internara a filha num hospital psiquiátrico, mas ela não sabia se era verdade ou não. Então, por que encher a cabeça de Ariane com caraminholas? Se soubesse a verdade, seria a primeira a contar, porém tudo não passava de suposições. E, se Malvina contara a história à sua própria maneira, quem seria ela, Nilza, para desmentir?

— Antes de irmos, preciso lhe dizer algo — comentou Ariane.

— O que é? Vai fechar o bar, né? Vendê-lo, talvez. Preciso cuidar da minha vida.

— Não, Nilza. Não é nada disso. Fiquei pensando esses meses e acho que você é a pessoa mais indicada para continuar à frente dele.

— Gosto muito daqui, de preparar as marmitas, entregá-las, cuidar da freguesia. É um bom lugar para trabalhar.

— Pois é. Pensei muito e cheguei à conclusão de que o bar deve ser seu.

Nilza não entendeu e Ariane foi direta:

— Eu estou ganhando bom dinheiro com a carreira de modelo. Acabei de comprar meu apartamento e tenho muito ainda a conquistar. Quero que você fique com o bar e com o apartamento sobre ele.

— Não entendi.

— Vou lhe doar o assobradado. O bar e o apartamento serão seus. E você poderá trazer sua família. Quero que fiquem todos juntos.

Os olhos de Nilza se encheram de lágrimas. Ela abraçou Ariane com carinho e estava profundamente emocionada.

— Não sabe o bem que está fazendo para mim e para minha família. Obrigada. Mil vezes obrigada. Conte comigo para o que precisar. Sempre.

— Sei disso — respondeu Ariane. — Mas quero que você cuide do bar com o carinho de sempre.

Nilza enxugou as lágrimas e revelou:

— Eu estava guardando um dinheirinho para dar entrada num barraco. Não é muito, mas é o suficiente para eu usá-lo e reformar o bar, modernizá-lo, talvez transformá-lo num restaurante por quilo. Confesso que não sou fã da bebida.

— Faça o que achar melhor. Por mais que tenhamos crise — e atualmente estamos vivendo uma —, as pessoas deixam de comprar coisas, adiam planos, refazem projetos, mas não deixam de comer. Tenho certeza de que seu projeto vai dar certo!

— Vamos ao cemitério. Quero fazer uma oração para sua avó.

— Onde quer que ela esteja, torço para estar bem.

— Eu também — replicou Nilza, sem terem a mínima ideia de como Malvina verdadeiramente se encontrava no mundo espiritual.

Ao pegarem a alameda que dava para a saída do cemitério, Ariane viu um homem cujo rosto lhe era familiar. Pediu licença para Nilza e caminhou até o jazigo diante do qual ele se mantinha ajoelhado. Esperou que terminasse sua prece e, assim que ele se levantou, Ariane indagou:

— Miguel?

Ele voltou o rosto para a voz e, assim que a viu, sentiu raiva. Controlou-se.

— Olá — respondeu de forma lacônica.

— Como vai?

— Tudo bem — ele deu um passo na direção contrária e a ficha de Ariane caiu. Ela se lembrou de que lhe dera um bolo. Esquecera de dar retorno. Encostou no braço dele.

— Miguel, desculpe.

— Tudo bem. Está desculpada.

— Não. Não está tudo bem. Deixe-me lhe contar. Eu saí literalmente voando de Fortaleza porque recebi a notícia de que minha avó havia se acidentado gravemente.

— Ela está melhor? — perguntou, ainda sentido.

Ariane apontou para o lado:

— Está enterrada a três alamedas daqui.

Ele iria falar algo e Nilza se aproximou.

— Ariane, estou com arrepios. Sabe que não gosto deste ambiente. Vamos embora?

— Desculpe, Nilza. Vamos, sim — ela se voltou para Miguel e quis saber: — Será que agora que estamos em São Paulo podemos remarcar o jantar? Para sua segurança, deixo seu motorista me pegar.

Ele riu, meio sem graça.

— Podemos, sim.

Ela anotou o telefone num papelzinho e o entregou a Miguel.

— Esta semana estou bem ocupada por conta de inventário e afins. Me ligue na próxima semana. Será um prazer reencontrá-lo.

Ela se despediu com um aceno e Nilza encaixou o braço no dela.

— Bonitão ele. Quem é?

— Um empresário.

— Hum... — Nilza fez uma careta engraçada. — Empresário... Pela estica e pelo jeito polido de falar, deve ser bem--criado, rico.

Ariane riu.

— Deve ser, sim. Só você para me fazer rir nesse dia, Nilza.

Saíram abraçadas e conversando amenidades. Miguel as esperou sair e sentou-se em um banco próximo de um jardim de azaleias. Mirou o horizonte e disse baixinho:

— Judite, eu estou gostando de uma moça. Faz tanto tempo que você morreu... será que não vai ficar brava se eu me envolver com ela?

Miguel não percebeu, mas Judite estava ao seu lado. Ela carinhosamente abaixou-se e sussurrou em seu ouvido:

— Meu querido, nossa relação é de afeto sincero. O nosso amor vai além da paixão física. Eu precisava harmonizar meu espírito e, por esse motivo, casei-me com você e pedi para trazer Lauro ao mundo. Em outra experiência terrena, fui mesquinha e quis ter você só para mim. Ajudei Lauro a fugir com Ariane. Eu sabia que eles não se amavam, que era fogo de palha. Eu tinha certeza de que Ariane sempre gostou de você, mas tinha reservas. Depois, em outra experiência, vocês se apaixonaram e eu dei a ela um chá abortivo. Enfim, só tenho a dizer o que o tempo mostrou: você e ela merecem nova chance juntos. Solte-se, liberte-se, abrace a oportunidade que a vida está lhe oferecendo. Não perca Ariane novamente. Eu o amo muito. Preciso seguir meu caminho. Fique na paz.

Judite o beijou no rosto e Miguel sentiu saudade da esposa, contudo, foi tomado por uma emoção diferente, cálida, terna. Ele sorriu, olhou para o alto e mandou um beijo para a mulher que aprendera a amar e respeitar.

— Se tudo continua depois que morremos, desejo que você esteja bem e feliz.

CAPÍTULO 42

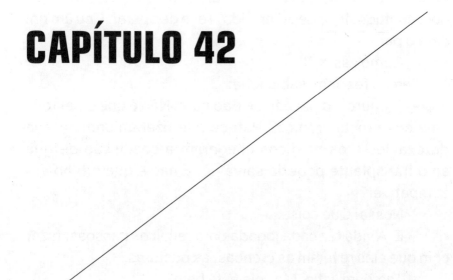

Dessa vez, quem ficou na expectativa foi Ariane. Passada uma semana, Miguel não ligou. Nem na outra semana. O Natal se aproximava e nada de ele ligar.

Ficou intrigada.

Será que está me dando o troco? Não acho possível. Um homem daquela idade... não pode ser.

Uma das colegas da agência cutucou-a delicadamente.

— No mundo da lua?

— É. Estava divagando.

— Ficou sabendo? — Teresa sabia de tudo, estava sempre por dentro das novidades, fofocas e afins.

— De quê?

— O Lauro.

— Que tem? Já foi para os Estados Unidos, né? Nem se despediu de mim.

— Que nada, menina! — Teresa objetou enquanto dava tapinhas no braço de Ariane. — Ele ia para os Estados Unidos, contudo, teve de adiar a ida. Teve de operar. Deu um rim para o pai.

— Como assim?!

Teresa fez ar de sabichona:

— O Lauro e o pai não se dão bem. Não é que o pai teve uma crise renal crônica? Parece que fizeram uma bateria de exames e os médicos chegaram à conclusão de que só o transplante poderia salvá-lo. E não é que o filho era compatível?

— Nossa! Que coisa.

— É. A vida faz cada jogada para reunir as pessoas, fazer com que elas revejam as crenças, as posturas...

— Também acho. Mas ele está bem?

— Quem? O pai ou o filho?

— O filho, né, Teresa! Mal sei do pai.

— Como não sabe?

Ariane fez cara de interrogação.

— Não faço a mínima de quem seja o pai de Lauro.

— O seu chefe.

— Da agência?

Teresa levantou as mãos para o alto.

— Criatura, acorda! Praticamente todo mundo sabe que o pai do Lauro é o Miguel. O empresário que a contratou para ser o rosto da construtora!

Ariane arregalou os olhos.

— Não é possível! Lauro nunca me contou nada.

— Porque não se dava bem com o pai. Quer dizer, acho que agora vão se dar bem. Espero.

Ariane se levantou de um pulo.

— Onde está Lauro?

— Recebeu alta antes de ontem. O pai, como recebeu transplante, vai ficar mais um tempo internado. Eu e o Tomás vamos visitá-lo mais tarde.

— Posso ir junto? — perguntou Ariane.

— Claro.

O grupo chegou ao apartamento de Lauro no finzinho da tarde. Alcina os recebeu e os acomodou na sala. Glorinha apareceu e os cumprimentou. Ao dar beijinho em Ariane, sorriu:

— Nós já nos vimos antes.

— Não creio.

— Seu rosto não me é estranho.

Teresa interveio:

— Ela é a garota do catálogo da construtora.

— Ah! — Glorinha exclamou. — Então já sei onde vi esse rosto.

— Agora me lembrei! Fomos apresentadas rapidamente no dia do evento da construtora — tornou Ariane.

— Isso mesmo!

Alcina argumentou:

— Vocês são três. Peço que entrem um por vez, no máximo dois.

Teresa levantou-se:

— Eu e Tomás vamos entrar primeiro. Ariane vai depois. Prometo que vamos ser rápidos.

Alcina os levou até o quarto e foi para a cozinha fazer café. Enquanto isso, Glorinha fez sala para Ariane.

— Eu não sabia que Lauro e Miguel eram parentes, que Lauro era filho de Miguel — asseverou Ariane, surpresa.

— São. Infelizmente, nunca se deram bem. São problemas de família e, para quem acredita, essa história dos dois não vem de agora.

— Acredita em vidas passadas?

— Sou espírita. Trabalho com uma senhora que abraçou a causa social por conta de Anália Franco.

— Já ouvi falar no bairro. Sofisticado, elegante, mas não o conheço.

Glorinha riu.

— Não estou falando do bairro, mas da pessoa que deu nome a ele. Anália Franco foi uma grande mulher, à frente do seu tempo, considerada a grande dama da educação. Era espírita.

— Interessante. Se quiser, gostaria que me falasse mais sobre essa mulher.

Glorinha prosseguiu:

— Vamos marcar de nos encontrar em outra oportunidade. Vou lhe emprestar o livro *Anália Franco, a benfeitora*, de Roque Jacintho. Ali você vai conhecer melhor quem foi essa grande mulher.

— Fico agradecida.

Alcina chegou com a bandeja de café e alguns docinhos. Ariane bebericou seu café e logo os amigos saíram do quarto. Teresa sentiu cheiro de café e suspirou:

— Hum. Adoro café fresquinho. Saímos na hora certa. Já avisamos que você vai entrar — apontou para Ariane.

Ela se levantou e, com educação, foi para o quarto. Entrou e Lauro sorriu ao vê-la.

— Como se sente? — ela quis saber.

— Sinto um pouco de desconforto, mas estou bem.

— Não tinha ideia de que você era filho do Miguel.

— Você o conhece?

— Sou o rosto da campanha da construtora, esqueceu?

— É verdade. Mas o conhece pessoalmente?

— Sim. Trocamos apenas algumas palavras.

Lauro remexeu-se levemente na cama. Ariane comentou:

— Vocês não se dão bem, né?

— Não. Quer dizer, ele sempre foi distante. Nunca tivemos uma relação de pai e filho. É como se eu nunca tivesse tido um pai. Quem me educou de fato foram a Glorinha e a Alcina.

— Eu fiquei com elas na sala. Um encanto a sua mãe.

— Glorinha é mãe de criação. Minha mãe biológica morreu no parto.

— Sinto muito. De certa forma, nossa história é parecida. Meus pais morreram logo depois que nasci e fui criada pela minha avó. Ela morreu faz algum tempo.

— Sinto muito. Então não tem família?

— Não.

— Nunca foi atrás de seus parentes, quer dizer, de seus outros avós, tios...

— Sempre fui criada pela minha avó materna. Apenas ela. Meu pai era argentino e os parentes dele nunca me procuraram. A família da minha mãe era só minha avó. Ela teve uma filha apenas, era viúva. Agora sou eu no mundo. Quer dizer, tenho a Nilza, cozinheira do bar que era nosso. É o único elo que sobrou.

— Ao menos você é livre para viver como quiser.

— Você também. Creio que, embora não saiba nadinha da sua relação com seu pai, essa cirurgia vai mudar a maneira como vocês se enxergam.

— Não sei. Quanto a mim, nunca lhe fiz nada para ser tão frio e distante.

— Não conheço o assunto, mas não acha que pode ser algo relacionado a outras vidas?

— Minha mãe, a Glorinha, é espírita. Ela diz que existem diferenças entre mim e Miguel, que eu fiz alguma coisa muito desagradável para ele no passado. Mas pagar por algo que não sei? Se a memória foi apagada, os sentimentos também deveriam ser.

— Não sou especialista no assunto, mas a reencarnação explica o fato de eu não gostar de alguém logo de cara ou ter simpatia imediata por uma pessoa.

— Isso é.

— Eu nasci e não tive meus pais por perto. Você não teve pai e ganhou uma mãe postiça, maravilhosa. Acho que a vida faz arranjos para que todos nós possamos crescer e enfrentar os desafios de maneira digna. Pode ver que só mesmo a reencarnação é que pode explicar as diferenças neste mundo, conciliando-as com a perfeição e justiça de Deus.

— Hoje você está afiada!

— Gosto de você, Lauro.

— Eu também — ele estendeu a mão para ela. Ariane a pegou e ele propôs: — Poderíamos tentar uma aproximação mais íntima.

— Sou verdadeira, sabe disso. Você é uma graça de pessoa, mas não quero me envolver sem profundidade. Eu o vejo como a um irmão.

— Chato isso.

— Além do mais, vou confessar.

— O quê?

— Há momentos que olho para você e o meu coração se aperta.

— Eu, hein? Nunca lhe fiz nada.

— Eu sei — ela sorriu. — Eu também nem quero pensar em vida passada. Tenho carinho enorme por você, mas não é o homem que vai viver ao meu lado.

Ele fez uma careta.

— Vai ver é o Miguel.

— Qual nada! A gente mal se viu. Quer dizer, eu o encontrei no cemitério outro dia. Estava rezando. Vai ver que só pensa na esposa morta.

— Minha tia diz que ele amava minha mãe. Não sei se amaria de novo. Sabe que nunca o vi com ninguém? Pelo que eu saiba, ele nunca namorou. Acho que o velho não quer saber de mais nada.

Ariane sentiu certo desconforto e mudou o assunto:

— Teresa me contou que você vai para os Estados Unidos.

— Era para eu ir antes, mas daí pintou a cirurgia e ainda estou aqui. Fui contatado para fazer um teste.

— Jura?

— É. Campanha de perfume.

— Vai ficar famoso!

— Não sei se vou, mas estou com vontade de ir embora. Não quero mais ficar no país. Essa inflação galopante, esse governo sem pé nem cabeça. Confiscaram nosso dinheiro. Onde já se viu?

Ela riu.

— Ainda bem que compro dólares. Não tenho nada no banco. O governo não me atingiu.

— Sorte a sua. Tem amigo do meu pai que se matou. Coisa séria.

— Que horror!

Alcina bateu à porta e entrou.

— Hora do remédio.

Ariane levantou-se e soprou um beijinho.

— Não se esqueça de me avisar quando for embora.

— Pode deixar.

Ariane despediu-se de Glorinha e Alcina. Desceu com Teresa e Tomás, foram tomar um lanche numa lanchonete ali perto.

CAPÍTULO 43

Assim que Lauro recuperou-se da cirurgia, marcou a viagem para os Estados Unidos. Fez um jantar de despedida no qual Ariane estava presente.

Recebeu presentinhos e todos torceram para que sua vida profissional no exterior fosse tão boa quanto a que tinha tido até então.

Um dia antes da viagem, Glorinha lhe deu o recado:

— Seu pai está se recuperando em nossa casa. Pediu para vê-lo antes de você partir.

— Hum, arrã.

— Nada de arrã. Dê uma chance ao Miguel.

— Dei várias, ao longo de uma vida.

— Agora é diferente, meu filho. Ele sofreu um baque. É como se renascesse. E foi você quem lhe deu nova chance. Lembre-se disso.

— Está bem. Pode marcar. À noite eu passo lá.

— Combinado.

⁂

Teseu estava a postos na casa para que o encontro entre pai e filho corresse da melhor forma possível. Arregalou os olhos quando percebeu Orion no recinto.

— O que faz aqui?

— Não brigue comigo. Vim na paz.

Teseu surpreendeu-se.

— O que aconteceu?

— Minos está irascível. Brigou com os poucos soldados que lhe eram fiéis. Está possesso.

— Porque as coisas aqui no mundo estão indo de forma contrária ao que ele imaginou.

— É.

— Minos começa a perceber que não é Deus. Ele não pode controlar a vida das pessoas.

— Mas tentou. Por quinhentos anos, tentou.

— E no que deu, Orion? Quinhentos anos em que ele deixou de cuidar de si mesmo. Aproveitou o poder que tinha em última vida e, como inquisidor, achou que poderia vencer no mundo das trevas.

— Ele machucou muita gente. Muitos dos que estão reencarnados na companhia de Miguel foram torturados, degolados, queimados.

— E todos aproveitaram as oportunidades da reencarnação, e vieram e voltaram algumas vezes. Não são mais as mesmas pessoas que vocês conheceram na Idade Média. Tudo no universo evolui, inclusive as pessoas, sabia?

— Sim. Eu fiquei ao lado dele.

— Tem mais. O mundo espiritual, assim como a Terra, passa por uma grande mudança.

— Eu sei. O expurgo.

— Isso. O expurgo já começou. Os espíritos que ainda fazem o mal, resistem ao bem, estão revoltados porque sabem que vão ter que ir embora. Por isso a energia do planeta anda tão tumultuada. Quer fazer parte dessa leva de espíritos que vai ser remetida para outro planeta?

— Não gostaria. Creio que Minos já decidiu por si. Ele vai acabar fazendo parte disso, pois se recusa a mudar. Uma pena.

Teseu chegou perto. Tocou no ombro de Orion.

— Sabemos por que ficou ao lado de Minos. Você o amav...

Orion encostou o polegar nos lábios de Teseu. Ele o tirou e completou:

— Você o amava. E talvez ainda o ame. Não há problema em mostrar o que sente. O mundo evoluiu muito e gays não morrem queimados ou são enforcados em praça pública.

— Ainda há preconceito. Eu vejo por aí.

— A chaga do preconceito ainda persiste porque há gente que não entende as coisas como elas são. Mas estamos no processo de mudança. Muitos espíritos estão reencarnando com o propósito de fazer a sociedade reavaliar seus conceitos em relação a sexo, gênero e correlatos. O próximo século será solo fértil para que esses questionamentos venham à tona e aprendamos de uma vez por todas que todos são dignos de carinho, amor e respeito. O amor é a cura para destruir quaisquer preconceitos.

— Falando assim, me dá vontade de viver nesse mundo.

Teseu alegrou-se.

— Pode. É só querer.

— Eu?! Tantos séculos sem retornar ao planeta, apenas seguindo ordens de Minos.

— E daí? Fez o melhor que pôde. Ninguém dá o que não tem, apenas o que sabe. Você precisa se dar a chance de ser feliz, meu amigo. A reencarnação poderá lhe ser de grande valia. Ninguém fica parado. Mesmo que leve tantos séculos, ainda vivemos de maneira a ir e vir.

— Pensei e refleti muito, Teseu. Gostaria de viver contigo. Recomeçar a amizade de quando, muito tempo atrás, fomos irmãos. É possível?

Teseu sentiu uma alegria imensa tomar-lhe por inteiro. Esperava por esse pedido havia séculos. Ele abraçou Orion.

— Lembro de uma vida em que fui seu irmão mais velho e sempre cuidei de você com amor e carinho. O sentimento ainda está aqui, vivo. Os laços de amor apenas se fortalecem com o tempo.

— Obrigado, Teseu. Quero aprender a viver de outra forma. Meu espírito precisa de novos ares. Assim que possível, gostaria de voltar ao planeta. Cansei de ficar aqui nesta dimensão. Chegou o momento de cuidar mais de mim.

— Vou ajudá-lo. Confie em mim — depois de novo abraço apertado, Teseu pediu: — Fique aqui. Lauro vai ter um encontro com Miguel. Espero que as diferenças do passado possam se diluir de vez.

Nesse momento, Lauro chegou e entrou no quarto. Miguel estava sentado em uma poltrona, de pijama. Tinha acabado de tomar banho e o quarto recendia a colônia pós-barba. Ele cumprimentou Miguel, puxou uma cadeira e se sentou.

— Como se sente?

— Faz alguns meses. Eu me recuperei bem e, graças a Deus, não houve rejeição ao órgão. Creio que semana que vem poderei voltar à construtora.

— Que bom.

O silêncio se fez presente. Miguel hesitou e puxou conversa:

— Soube que está indo para os Estados Unidos.

— Vou participar de um *casting*. Vão escolher o modelo para uma grande campanha de perfume.

— Esse negócio de modelo acabou dando certo.

— Pois é. Tive sorte.

— Você tem talento.

Lauro arregalou os olhos. Era a primeira vez que o pai lhe dirigia um elogio.

— O que disse?

— Que tem talento. Você nasceu para ser modelo. É bom quando encontramos nossa vocação. Eu encontrei a minha desde jovem. Você está começando a vida, já sabe o que quer.

— Isso é bom mesmo.

— Não sei se vamos nos ver novamente, ou a contento. Você vai para o exterior. Logo vai rodar o mundo e sabe lá Deus quando voltará.

— Nunca vou deixar de visitar minha mãe e minha avó.

Miguel sorriu.

— Agradeço todos os dias por Glorinha existir.

— Imagine eu! — exclamou. — Se não fosse ela...

Lauro pigarreou e Miguel confessou:

— Reconheço que nunca fui bom pai — Lauro ficou calado. Miguel prosseguiu: — Sabe, quando você nasceu e o médico me disse que sua mãe...

Miguel contou tudo. Relatou desde o momento em que os médicos lhe comunicaram que Judite havia morrido, o choque, a raiva, o ódio que sentira de Deus por estar numa situação tão deplorável. Em seguida falou da tristeza que o acometera.

MARCELO CEZAR DITADO PELO ESPÍRITO MARCO AURÉLIO

— Sei que é difícil admitir, mas quando olhava para você, bebê, via Judite morta a meus pés. Eu o responsabilizei pela morte de minha esposa.

— Minha mãe — retrucou Lauro.

— Sim. Nunca entendi o porquê de ter de passar por essa situação. Carmela tentou me abrir os olhos, explicando-me sobre a continuidade da vida, contudo, eu mal a escutei. A raiva me dominou e, para não explodir, decidi arrumar um culpado pela minha infelicidade. Escolhi você.

— Foi muito duro. Crescer sem um pai presente e, pior, com um pai que, nas poucas vezes que me encontrava, apontava-me dedos acusadores sem que eu mal tivesse condições de entender por que era rejeitado.

— Foi horrível tudo o que fiz. E agora vivo porque você foi generoso o bastante para me dar uma parte sua. Não sei o que dizer...

Miguel, pela primeira vez em anos, sentiu as lágrimas escorrerem pelo rosto. Estava muito emocionado.

Lauro mexeu os ombros e sugeriu:

— Pode começar com um simples obrigado.

— Isso é — Miguel limpou o rosto com as costas das mãos. — Obrigado. Salvou minha vida.

— Fiz o que meu coração pediu. Sabe, certa vez Carmela me viu muito triste. Eu deveria ter uns catorze, quinze anos na época. Era para fazer uma redação falando sobre os pais e o relacionamento que tínhamos. Eu não consegui desenvolver uma linha. Não tinha referência sobre Judite ou você. Daí Carmela me incentivou a escrever sobre minha relação com Glorinha.

— Agradeço todos os dias por Glorinha estar a seu lado.

— Carmela também me explicou que nossas diferenças deveriam estar em outras vidas.

— Acredita nisso?

— Sim — respondeu Lauro. — Se eu lhe fiz tanto mal no passado, creio que agora não tenho mais essa vontade. Aliás, nunca tive. Tentei entendê-lo. Juro que tentei.

— Conseguiu?

— Conforme estou ficando mais maduro, entendo por que agiu de forma tão fria e distante comigo por toda a vida. Jamais eu agiria assim com um filho meu. A nossa relação — ou a falta dela — me mostrou o que eu quero e o que não quero numa relação entre pai e filho.

— Vai ser um ótimo pai, tenho a certeza disso — assegurou Miguel, voz entrecortada.

— Tenho a certeza de que vou ser, sim.

Novo silêncio. Miguel questionou:

— Pretende retornar ao país?

— Sendo ou não escolhido para a campanha de perfumes, quero tentar a vida na América. Não vejo um futuro promissor neste país.

— Vai ser herdeiro de um pequeno império.

Lauro sorriu.

— O império foi você quem construiu. Eu não tenho nada a ver com ele. Estou fazendo a minha vida, ganhando o meu dinheiro. Não quero nada que seja seu.

— É um homem digno, Lauro.

— Sei disso. Você também é.

O rapaz consultou o relógio.

— Está na minha hora. Preciso terminar de arrumar minhas malas.

Miguel se levantou com calma e estendeu os braços.

— Pode me dar um abraço?

Lauro fez sim com a cabeça e abraçaram-se. Miguel deixou novamente que as lágrimas escapulissem pelo canto do olho.

— Mais uma vez, obrigado, meu filho. Obrigado por tudo.

— Não precisa agradecer.

MARCELO CEZAR DITADO PELO ESPÍRITO MARCO AURÉLIO

— Você se tornou um homem justo e bom.

— E você ainda pode ser feliz.

— Eu? — afastaram-se. Lauro fez sim com a cabeça e argumentou: — Ficou sozinho por muitos anos. Só viveu para o trabalho. Acumulou dinheiro para quê? — Miguel não respondeu e ele continuou: — Aproveite a vida. Ela passa muito rápido.

Despediram-se e Miguel voltou a se sentar na poltrona. Teseu foi até Miguel e considerou:

— Agora que se livrou de mágoas acumuladas, não permita que ressentimentos do passado machuquem seu coração e perturbem sua vida. Perdoe de verdade. Ajude-se a se libertar da dor e deixe o passado ir embora de uma vez por todas. Fique atento e usufrua com prazer os bons momentos da vida. Eles são mais numerosos do que os de dor. Quanto menos dramático você for, mais isso ficará evidente. Nunca se esqueça de que Deus é bom e nos criou para a felicidade.

Miguel meneou a cabeça como se tivesse escutado a própria consciência. Sentiu uma leveza no peito e teve vontade de rever Ariane.

CAPÍTULO 44

Recuperado e se sentindo uma nova pessoa, Miguel voltou ao trabalho e, dali a um mês, Kátia o informou:

— Amanhã faremos a reunião com o conselho para aprovar ou não a renovação do contrato com a modelo.

— Ariane?

— Sim. O contrato vencerá daqui a trinta dias.

— O que o conselho diz?

— Desejam que o contrato seja refeito com as mesmas cláusulas, mas com um período maior de vigência. O rosto dela ajudou positivamente a empresa. A credibilidade junto ao público aumentou. Só não somos os melhores porque aquela construtora de Brasília domina o mercado.

— Eles são agressivos — contrapôs Miguel. — Nós temos outra maneira de trabalhar — ele mudou o tom e indagou, fingindo desinteresse: — A modelo virá?

— A presença dela não será necessária — esclareceu a secretária. — Entretanto, informei o dono da agência que ela poderia participar da reunião, caso quisesse.

Tomara que ela venha, pensou Miguel. *Tomara*.

No dia seguinte, assim que Miguel entrou na sala de reuniões, avistou Ariane. Ela estava linda. Os cabelos compridos estavam presos em coque e a maquiagem era discreta. Ela usava um vestido branco de alcinhas que contrastava com a pele curtida pelo sol.

Ele sorriu para ela e sentou-se à cabeceira. A reunião teve início e não durou mais que uma hora. Assim que terminou, os membros do conselho se despediram e o agente pediu para Kátia ler o novo contrato.

— Podemos fazer isso na minha sala — ela sugeriu. — Uma nova reunião vai começar daqui a pouco com o pessoal do Marketing. Precisamos desocupar esta sala.

O rapaz assentiu e Miguel convidou Ariane:

— Gostaria de um café? Dizem que nosso café é uma delícia.

— Aceito.

O dono da agência levantou-se e acompanhou Kátia. Miguel levou Ariane até sua sala. Assim que ela entrou, os olhos foram levados para a pintura na parede.

— É você no retrato?

Ele encarou a tela sobre a cadeira e comentou:

— Sim.

— Muito bonito.

— Obrigado.

— A pintura, quis dizer.

Os dois riram. Ele a convidou a se sentar. Telefonou para a copa e pediu dois cafés. Em seguida, salientou:

— Esse retrato ficou anos guardado. Eu mal podia olhar para ele.

— Por quê?

— Foi minha esposa quem fez, quando nos conhecemos.

— Não sei muito a seu respeito. Marcamos um jantar em Fortaleza e não pude ir.

— Achei que tinha me dado um bolo.

— Eu também achei que você tinha feito o mesmo comigo.

— Como assim?

— Ficou de me ligar para jantarmos. Não ligou. Depois fiquei sabendo que fora operado. Deduzi que tinha sido esse o motivo de não ter me ligado.

— Foi. Claro.

— Jamais poderia imaginar que você e Lauro eram pai e filho. Eu o conhecia havia algum tempo.

— Eram colegas na agência, certo?

— A gente se esbarrava de vez em quando. Depois que passei a estampar capas de revistas, e ele foi chamado para a campanha do jeans, mal nos víamos. Ele é um homem bom.

— É. Isso é. Sabe, nunca tivemos uma boa relação. Quer dizer, eu o rejeitei a vida inteira.

Miguel contou toda a história de sua vida para Ariane. Ela escutou tudo com atenção. Assim que terminou, ele comentou:

— Depois que tivemos uma boa conversa e ele foi embora para os Estados Unidos, achei que era o momento de fazer as pazes com o passado. Resgatei o quadro. É a lembrança mais forte que tenho de Judite.

— Ainda a ama?

Miguel foi pego de surpresa. Respirou fundo e discorreu:

— O que sinto por Judite é gratidão. Namoramos, casamos e em seguida ela engravidou. Morreu no parto. Vivemos pouco tempo juntos. Além do mais, eu era jovem, tinha outra maneira de enxergar a vida. Judite foi uma espécie de leme que me conduziu para um bom caminho. A única besteira que fiz foi renegar meu filho por tanto tempo. Agora estamos bem. Espero que Lauro um dia me perdoe.

— Por que não perdoaria?

— Fui omisso durante vários anos.

— De nada vai adiantar se culpar. Como você mesmo disse, fez as pazes com o passado. Aprendeu, a duras penas, que é preciso compreender e respeitar a forma de ser de cada um. Cada pessoa está na faixa de entendimento que lhe é própria.

— Você é tão madura. Nem parece ser tão jovem.

— Também não tive uma vida fácil. Fui criada pela minha avó. Ela era boa para mim, mas era pessoa de difícil trato. Eu a amava e, por isso, a entendia. Eu e ela nos dávamos bem.

— Tem parentes vivos?

— Não. Tenho a Nilza, que trabalha no bar de minha avó faz alguns anos. Fora ela, sou apenas eu no mundo.

Miguel sentiu vontade de abraçá-la e beijá-la, tomar conta dela. Mas conteve-se e, depois que a copeira trouxe o café, sugeriu:

— Vamos aproveitar o momento e marcar nosso jantar?

— Não poderia ser um almoço?

— Quando?

— Hoje. Está muito ocupado?

— Tenho bastante coisa para fazer, mas adorei a sua ideia. Vamos almoçar!

Depois de assinar o contrato e despedir-se do dono da agência, Ariane desceu com Miguel até a garagem e entrou no carro dele.

— Vamos a um restaurante de que gosto muito — ele confidenciou: — Spazio Pirandello.

— Eu também gosto de lá.

— Não importa. A companhia é que vale.

Ela sorriu e assim foram até a Rua Augusta. A conversa fluiu agradável e, depois da sobremesa, Miguel estava apaixonado. Manteve-se reservado, discreto e a convidou para saírem na noite seguinte. Ariane concordou.

E dessa forma eles foram se conhecendo, colecionando afinidades, gostos, vontades, desejos. Aos poucos, Ariane deixou-se encantar por ele. Miguel era um bom amante, homem educado, paciente, bem-humorado. A diferença de idade não pesava para ela, tampouco para ele.

Depois de um tempo, decidiram partir para o casamento.

— Farei o anúncio do nosso enlace na festa de noventa anos da minha amiga Carmela.

— Acha apropriado?

— A festa vai reunir apenas pessoas próximas e queridas. Na verdade, serão praticamente as mesmas pessoas que eu convidaria para o nosso enlace.

— Não tenho tanta gente para convidar. Alguns amigos da agência e a Nilza.

— E quanto à carreira, deseja mesmo continuar estampando capas de revistas e desfilar em passarelas?

— Por ora, sim. Depois, conforme a vida de casados entrar no ritmo, verei o que fazer.

Miguel tomou a mão dela entre as dele, beijou-a e declarou:

— O meu amor por você sustenta tudo, é a única coisa que faz bem, é a força mais positiva que existe. Você é tudo para mim.

Ariane sentiu um calor brando percorrer-lhe o corpo. Beijaram-se com amor.

Teseu aproximou-se com Orion:

— Viu que coisa mais linda? O amor transforma tudo e todos. É a energia mais pulsante e renovadora que existe na face da terra.

— Fico feliz por eles. Acredito que, se Minos estivesse por perto, estaria espumando de ódio. Talvez até quisesse interferir e perturbar a alegria deles.

— A Terra, assim como o mundo espiritual a ela ligado, estão em processo de mudança. Minos recusou-se a mudar.

— Ficou sem livre-arbítrio.

— Não, Orion. Não foi isso o que aconteceu. Temos o direito de fazer o que quisermos. Ocorre que, quando o desejo pessoal é capaz de afetar outros seres, o desejo coletivo acaba prevalecendo. O Universo caminha para a evolução. Quem se opuser a isso será banido.

— Não quero mais pensar nele.

— Creio que a única forma de você esquecer de vez tanto Minos quanto a vida que levava até agora é reencarnar.

— Acha mesmo?

— Sim. A reencarnação é uma bênção, um grande presente de Deus para que tenhamos chance de progredir, de encarar os desafios, superar os traumas e colher experiências surpreendentes. Vá por mim, aproveite a oportunidade e volte.

— Não sei como fazer. Meus afetos e desafetos têm nascido e morrido muitas vezes. Eu parei no tempo.

— E o que são alguns pares de séculos diante da eternidade? Além do mais, tem muita gente querendo ter filho no mundo.

— Renascer num lar estranho? — a voz de Orion revelava insegurança.

Teseu pousou a mão sobre o seu ombro e o tranquilizou:

— Os relacionamentos se dão por afinidades. Tenho a certeza de que vai encontrar um casal que o aceite e o ame do jeito que é.

— Por que diz isso?

— Você não viveu plenamente a sexualidade. Freou os sentimentos, não se permitiu doar-se a um igual. O mundo agora está mais benevolente. A homossexualidade não é mais crime, tampouco considerada algo ruim. Pelo contrário, permite que o espírito sinta a própria força, vá atrás do que lhe dá mais prazer.

— Obrigado pelo apoio — Orion o abraçou com ternura.

— Vamos conversar com nossos superiores?

— Sim. É o que mais quero. Recomeçar!

EPÍLOGO

Chegou o dia da festa dos noventa anos de Carmela. O salão alugado para o evento ficava em região nobre da cidade. Carmela queria que a festa fosse em um de seus galpões, todavia Glorinha e Alcina protestaram. Ela merecia uma festa à altura.

— Queremos nos divertir e dançar até a madrugada. Faremos a festa num local adequado, onde possamos ouvir música sem atrapalhar os vizinhos.

— Tem razão — concordou Carmela. — Eu vou ceder e concordar com vocês. Façam o que acharem melhor.

E fizeram. O espaço fora decorado com muitas flores, velas e um cardápio elegante e enxuto, com entrada, prato principal e sobremesa.

Os convidados foram chegando e uma recepcionista simpática conduzia as pessoas para as mesas.

Não demorou muito para Carmela aparecer, acompanhada por Glorinha, por quem nutria carinho especial.

— Sei que Alcina é sua mãe, mas, convivendo ao seu lado por todos esses anos, confesso que me sinto sua mãe postiça.

— É claro que pode me considerar sua filha — replicou Glorinha. — Eu a amo do mesmo modo que amo Alcina. O poço do meu coração não tem fundo. Transborda de amor.

Carmela abraçou-a com carinho.

— Obrigada por tudo — depois de cumprimentar algumas pessoas e se sentar à mesa principal, ela acrescentou: — Queria que Lauro estivesse aqui conosco. Francisca e Humberto também.

— Os compromissos profissionais prenderam Lauro no exterior. Humberto está doentinho e uma viagem longa não lhe faria bem. Francisca virá com Lauro em outra oportunidade, mas Miguel logo estará conosco.

— Ele vai trazer aquela moça tão simpática?

— Gostou dela, não?

Carmela fez sim com a cabeça.

— Gostei muito. Sabia que ela e Miguel têm ligações do passado?

— Eu também senti isso. Ariane combina com ele.

— Eles precisam resgatar o tempo perdido. Foram impedidos de viver um grande amor.

Glorinha fez sim com a cabeça. Logo em seguida, Miguel e Ariane chegaram. Ele vestia um terno preto e Ariane estava linda num longo azul-marinho. Os brincos, colares e pulseiras de brilhante reluziam e a tornavam mais bela.

Eles cumprimentaram algumas pessoas e se sentaram à mesa de Carmela. Ela os olhou de forma engraçada e quis saber:

— Quando será o casamento?

Ariane ficou estupefata. Miguel riu e comentou:

— Sempre na frente, né, Carmela? Eu e Ariane escolhemos a data de hoje, na sua festa, para comunicarmos nosso enlace. Queria contar a vocês, mas, pelo jeito, a sua sensibilidade chegou na frente.

Ela sorriu.

— Felizmente, mesmo chegando a essa idade, a minha sensibilidade continua sendo minha grande aliada, uma amiga que não envelhece. Pelo contrário, ela fica mais aguçada conforme os anos passam.

— Queria muito conversar com a senhora — interveio Ariane.

— Minha querida, meu nome na identidade é Carmela. Não há senhora. Portanto, deixemos essa formalidade de lado.

— Se prefere assim, assim será. Carmela.

— Demorei para encontrar um novo amor — observou Miguel. — Mas chegou.

— Nada chega atrasado — esclareceu Carmela. — Tudo vem na hora certa, quando estamos prontos para tirar o máximo de proveito da experiência. Você precisava enfrentar uma série de desafios para perceber a importância de Ariane em sua vida. Sem esses percalços, não perceberia. Iriam apenas se esbarrar na vida. O que seria uma pena.

— Miguel comentou que você tem grande sensibilidade. Será que poderia ter alguma informação de minha avó Malvina?

Carmela estremeceu. Os pelos se eriçaram e ela procurou não mostrar o que sentia, tampouco o que vira através da sensibilidade. Malvina continuava presa e submetida aos caprichos de Evandro e Joaquim. Os dois a faziam de gato e sapato. Anacleto fora convencido por um dos filhos a deixar a mágoa para trás e se preparar para reencarnar.

A fim de não entristecer Ariane, Carmela atenuou a situação:

— Ela ainda está em tratamento. Precisa muito de suas orações e, principalmente, do seu amor para reagir e mudar. Sempre pense nela com amor e carinho.

— E quanto a minha mãe?

Carmela viu uma luz se abrir à sua frente, e Rubia, belíssima, trajando uma túnica branca, sorria e acenava para elas.

— Sua mãe está muito bem. É um espírito iluminadíssimo. Faz um trabalho lindo em outra dimensão.

Ariane percebeu uma lágrima escorrer pelo canto do olho. Miguel lhe emprestou um lenço e considerou:

— Bom. Queríamos lhes dizer que vamos nos casar em breve. Quero que vocês três estejam no altar.

Alcina passou a mão pelo rosto dele.

— Ainda me recordo do dia em que você chegou com seus pais na pensão. Tão bonitinho, tão fofo.

Conversaram sobre a infância dele, a amizade instantânea com Glorinha, a separação dos pais, a morte de Mário, pessoa especialíssima na vida de Miguel.

— Queria fazer um brinde a todos aqueles que passaram pela minha vida!

Levantaram as taças e brindaram.

A noite seguia de maneira especial. Depois de cantarem parabéns, cortarem e servirem o bolo, Carmela pediu um minuto de atenção. Falou sobre sua vida, pediu um brinde especial a Anália Franco, sua mestra, e finalizou o discurso:

— É muito bom estar viva e chegar a essa idade. Muitos me perguntam o segredo de tanta disposição e vitalidade. Digo que a vida corre do jeito que a programamos. Ninguém é culpado por nossos desacertos ou nossas frustrações. Apenas colhemos o resultado de nossas escolhas. Se a vida não vai bem, está em nossas mãos o poder de mudá-la. É bom saber que temos esse poder. Portanto, assuma seu poder, acredite nele, na sua força, só faça e queira o melhor para si e para o próximo. É dessa forma que contribuímos para o nosso progresso e, por consequência, para o progresso da humanidade. Fiquem com Deus. Um brinde à vida!

Os convidados levantaram as taças e muitos bateram palmas. O discurso fora, de fato, tocante. Espíritos amigos ali se encontravam, festejando com Carmela uma vida de dedicação à melhora do próprio espírito e auxílio a milhares de pessoas.

Carmela sentiu o abraço carinhoso de Anália Franco e se emocionou. Quem estava ao seu lado também se deixou tocar por aquela energia dulcíssima que emanava no ambiente.

Dentre os amigos espirituais, estavam Judite, acompanhada pelo irmão e pelo pai. Enquanto Romeu e Camilo celebravam aquele momento tão especial, Judite aproximou-se de Ariane e lhe disse:

— Mais uma vez, desculpe-me pelo passado. Farei o possível para ajudá-la em sua felicidade.

Ariane sentiu um calor na altura do peito e, do nada, emocionou-se. Enquanto secava os olhos com um lencinho, Judite abraçou Miguel e o beijou no rosto. De forma automática, ele levou a mão até a bochecha e pensou na primeira esposa. Sorriu. Tocou a mão de Ariane, apertou-a com delicadeza e percebeu que valia a pena viver.

Miguel finalmente fez as pazes com o passado, deu-se a chance de seguir adiante. Naquele momento mágico, ele teve a certeza de que, quando o amor é mais forte que tudo e transcende as barreiras do tempo e do espaço, o passado perde toda a sua força.

A quem nos dedica suas horas de leitura

Há mais de quarenta anos tenho contato com o espiritismo, e a minha vida se transformou positivamente, pois me encontrei diante da eternidade do espírito e da magnitude da existência. Os livros que psicografei me enriqueceram com valores, e sei que muitos leitores despertaram para a espiritualidade por meio desses romances.

Por intermédio dessas obras, eu e você construímos automaticamente um grande elo, invisível aos olhos humanos, porém forte e poderoso aos olhos espirituais. Mesmo distantes fisicamente, estamos ligados por esses laços que fortalecem nossos espíritos, unidos no mesmo objetivo de progresso e de sintonia com o bem, sempre!

Espero que, ao ler nossas histórias, você possa se conscientizar do seu grau de responsabilidade diante da vida e acionar a chave interior para viver melhor consigo e com os outros, tornando o mundo um lugar bem mais interessante e prazeroso.

Eu e Marco Aurélio desejamos que você continue trilhando seu caminho do bem e que sua vida seja cada vez mais repleta de felicidade, sucesso e paz. Sinta-se à vontade para me escrever e contar os sentimentos que nossos livros despertaram em você.

Sei que algumas pessoas preferem o anonimato, ou mesmo desejam contatar-me de maneira discreta, sem o uso das redes sociais. Por esse motivo, escreva para o e-mail: leitoresdomarcelo@gmail.com. Dessa forma, poderemos estabelecer contato.

Com carinho,

Marcelo Cezar

TREZE ALMAS
Marcelo Cezar ditado pelo espírito Marco Aurélio
Romance | 16x23 cm | 480 páginas

O incêndio do Edifício Joelma, ocorrido em São Paulo em 1974, ainda causa comoção. Um dos enigmas que rondam esta tragédia até os dias de hoje é que treze pessoas, das centenas que morreram, foram encontradas carbonizadas em um dos elevadores do prédio e jamais foram identificadas. Esses corpos foram enterrados no Cemitério São Pedro, na Vila Alpina, e desde então os treze túmulos viraram local de peregrinação e pedidos de toda sorte: curar uma doença, melhorar a vida afetiva, arrumar um emprego, adquirir a casa própria, reencontrar o carro roubado... Foram tantos os pedidos e tantos os atendidos que o local se transformou em um símbolo de esperança, conforto e fé. Anos depois, ao lado desses túmulos, construiu-se uma capela para oração, meditação, reflexão e agradecimento. Este romance conta a história de uma das treze almas. Por que ela foi enterrada e seu corpo não foi reclamado até hoje? Ela ainda está lá? Os outros doze também estão ali? Os pedidos são realmente atendidos? Como funciona esse trabalho entre o mundo astral e o mundo material? Mergulhe neste fascinante relato de vida, conheça as respostas, entenda como os milagres acontecem e desvende o mistério das treze almas.

Eliana Machado Coelho & Schellida

...em romances que encantam, instruem, e emocionam... e que podem mudar sua vida!

A CONQUISTA DA PAZ
Eliana Machado Coelho
romance do espírito Schellida
16x23 cm | 512 páginas

Bárbara é uma jovem esforçada e inteligente. Realizada profissionalmente, aos poucos perde todas as suas conquistas, ao se tornar alvo da perseguição de Perceval, implacável obsessor. Bárbara e sua família são envolvidas em tramas para que percam a fé, uma vez que a vida só lhes apresenta perdas. Como superar? Como criar novamente vontade e ânimo para viver? Como não ceder aos desejos do obsessor e preservar a própria vida? Deus nunca nos abandona. Mas é preciso buscá-Lo.

A CERTEZA DA VITÓRIA
Eliana Machado Coelho/Schellida
Romance | 16x23 cm | 528 páginas

E se a vida te levasse a se apaixonar pelo filho do homem que matou sua mãe?

Neste romance apaixonante e impressionante, A certeza da Vitória, o espírito Schellida, pela psicografia de Eliana Machado Coelho, mais uma vez, aborda ensinamentos maravilhosos e reflexões valiosíssimas em uma saga fascinante de amor e ódio, trazendo-nos esclarecimentos necessários para a nossa evolução. Boa Leitura!

LÚMEN EDITORIAL

ELIANA MACHADO COELHO & SCHELLIDA
17 ANOS DE PARCERIA COM A LÚMEN EDITORIAL

Direito de ser feliz (O)
Romance | Páginas: 432
14x21 cm

Sem regras para amar
Romance | Páginas: 504
14x21 cm

Um motivo para viver
Romance | Páginas: 536
14x21 cm

Despertar para a vida
Romance | Páginas: 584
14x21 cm

Um diário no tempo
Romance | Páginas: 672
16x23 cm

O retorno
Romance | Páginas: 480
14x21 cm

O brilho da verdade
Romance | Páginas: 296
14x21 cm

Força para recomeçar
Romance | Páginas: 544
16x23 cm

Lições que a vida oferece
Romance | Páginas: 496
14x21 cm

Corações sem destino
Romance | Páginas: 512
14x21 cm

MÉDIUM COM MAIS DE 2 MILHÕES DE LIVROS VENDIDOS

Ponte das lembranças
Romance | Páginas: 512
14x21 cm

Mais forte do que nunca
Romance | Páginas: 440
16x23 cm

Movida pela ambição
Romance | Páginas: 400
14x21 cm

Minha imagem
Romance | Páginas: 640
16x23 cm

Não estamos abandonados
Romance | Páginas: 248
14x21 cm

Resgate de uma vida (O)
Romance | Páginas: 336
16x23 cm

No silêncio das paixões
Romance | Páginas: 360
16x23 cm

Construindo um caminho
Romance | Páginas: 504
16x23 cm

A vida está a sua espera
Romance | Páginas: 456
16x23 cm

OS LIVROS ESTÃO NA SEQUENCIA CRONOLÓGICA

LÚMEN EDITORIAL

FÁTIMA ARNOLDE

Uma longa espera
Romance | Páginas: 392
14x21 cm

Memórias de uma paixão
Romance | Páginas: 448
14x21 cm

Quando setembro chegar
Romance | Páginas: 448
16x23 cm

Por toda a Minha Vida
Romance | Páginas: 4
16x23 cm

Diário de Sabrina (O)
Romance | Páginas: 344
16x23 cm

Raio Azul
Romance| Páginas: 328
16x23 cm

Enquanto houver amor
Romance | Páginas: 304
14x21 cm

Nunca te esqueci,
sempre te amei!
Romance | Páginas: 22
16x23 cm

www.lumeneditorial.com.br

SULAMITA SANTOS

Um novo olhar para a vida
272 páginas | 16x23 cm

À procura de um culpado
528 páginas | 14x21 cm

Doce entardecer
14x21 cm | 576 páginas

Laços que não se rompem
496 páginas | 16x23 cm

Desejo de vingança
512 páginas | 14x21 cm

Começar outra vez
504 páginas | 16x23 cm

Pronto para recomeçar
360 páginas | 16x23 cm

Um milagre chamado perdão
424 páginas | 16x23 cm

O passado me condena
472 páginas | 16x23 cm

Os caminhos de uma mulher
504 páginas | 16x23 cm

LÚMEN EDITORIAL

SÔNIA TOZZI

Amor enxuga as lágrimas (O)
264 páginas | 14x21 cm
Romance

Vítima do desejo
312 páginas | 14x21 cm
Romance

Uma janela para a felicidade
384 páginas | 16x23 cm
Romance

Almas em conflito
392 páginas | 14x21 cm
Romance

Renascendo da dor
256 páginas | 14x21 cm
Romance

Preço da ambição (O)
456 páginas | 14x21 cm
Romance

Vida depois de amanhã (A)
360 páginas | 14x21 cm
Romance

Riqueza do amor (A)
328 páginas | 14x21 cm
Romance

Somos todos aprendizes
368 páginas | 14x21 cm
Romance

No limite da ilusão
344 páginas | 14x21 cm
Romance

Passado ainda vive (O)
400 páginas | 14x21 cm
Romance

Quando chegam as respostas
328 páginas | 14x21 cm
Romance

Em busca do verdadeiro amor
328 páginas | 16x23 cm
Romance

www.lumeneditorial.com
17 3531.4444

LÚMEN EDITORIAL

ROBERTA TEIXEIRA

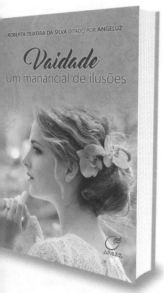

VAIDADE UM MANANCIAL DE ILUSÕES
Roberta Teixeira da Silva / Angeluz
Romance | Páginas: 304 | 16x23 cm

Aline é sequestrada e sofre um golpe na cabeça, perdendo a memória. Sem saber do seu passado, Aline vai trabalhar como serviçal em uma fazenda cafeeira, onde passa a cuidar de Brenda, uma menina diagnosticada com esquizofrenia e mantida em cárcere privado. Para ajudá-la, Aline conhece a doutrina espírita e descobre que a moça não é esquizofrênica, mas sim médium. O que Aline não imagina é que se lembrar de suas origens pode lhe custar a vida...

DECIFRANDO ESTRELAS
Roberta Teixeira da Silva / Angeluz
Romance | Páginas: 248 | 14x21 cm

Estela trabalha em uma grande empresa e seu sonho é construir uma carreira de sucesso, mas as coisas não saem como esperava. Decepcionada com o rumo da história, ela trama contra aquele que imaginava ser o seu maior inimigo e atrai para junto de si o espírito Flávio, obsessor muito ardiloso que só queria prejudicá-la.

NUNCA É TARDE PARA RECOMEÇAR
Roberta Teixeira da Silva / Angeluz
Romance | Páginas: 240 | 14x21 cm

Joana e Heber vivem um lindo romance, mas a moça logo desencarna. Mais tarde, ele se casa com Clarice, que também desencarna prematuramente. Abalado, Heber passa a beber a ponto de morrer de cirrose. No plano espiritual, depara-se com inimigos do passado e aprende uma grande lição: a semeadura é livre, mas a colheita obrigatória.

LÚMEN EDITORIAL

Av. Porto Ferreira, 1031 | Parque Iracema
CEP 15809-020 | Catanduva-SP
17 3531.4444 | boanova@boanova.net

visite nosso site: www.lumeneditorial.com.br
fale com a Lúmen: atendimento@lumeneditorial.com.br
departamento de vendas: comercial@lumeneditorial.com.br
contato editorial: editorial@lumeneditorial.com.br
siga-nos no twitter: @lumeneditorial